SANTIFICAÇÃO DAS FAMÍLIAS

Propostas para santificar nossas famílias e nossas vidas

PADRE GIOVANNI MEZZADRI, SX

SANTIFICAÇÃO DAS FAMÍLIAS

Propostas para santificar nossas famílias e nossas vidas

Como viver a unidade tão desejada em nossas famílias e, aos poucos, no mundo inteiro, realizar o desejo de Jesus: "Para que todos sejam um, assim como tu, Pai, estás em mim e eu em ti" (Jo 17,21)

PADRE GIOVANNI MEZZADRI, SX
Missionário Xaveriano que ficou alguns dias em
São Giovanni Rotondo, participou das missas de
Santo Padre Pio e se confessou com ele.

Revisão Geral: Gleidy Aparecida Lima Milani e Jefferson Bassetto

EDITORA SANTUÁRIO

DIREÇÃO EDITORIAL:
Pe. Fábio Evaristo R. Silva, C.Ss.R.

CONSELHO EDITORIAL:
Cláudio Anselmo Santos Silva, C.Ss.R.
Ferdinando Mancilio, C.Ss.R.
Gilberto Paiva, C.Ss.R.
José Uilson Inácio Soares Júnior, C.Ss.R.
Marcelo da Rosa Magalhães, C.Ss.R.
Victor Hugo Lapenta, C.Ss.R.

COORDENAÇÃO EDITORIAL:
Ana Lúcia de Castro Leite

COPIDESQUE:
Luana Galvão

REVISÃO:
Sofia Machado

DIAGRAMAÇÃO E CAPA:
Bruno Olivoto

Dados Internacionais de Catalogação na Publicação (CIP)
de acordo com ISBD

M617s Mezzadri, Giovanni

Santificação das famílias: propostas para santificar nossas famílias e nossas vidas / Giovanni Mezzadri. - Aparecida, SP : Editora Santuário, 2021.
152 p. ; 14cm x 21cm.

ISBN: 978-65-5527-042-6

1. Religião. 2. Cristianismo. 3. Santificação. 4. Famílias. I. Título.

2021-2416 CDD 240
CDU 24

Elaborado por Vagner Rodolfo da Silva - CRB-8/9410

Índice para catálogo sistemático:
1. Religião : Cristianismo 240
2. Religião : Cristianismo 24

1ª impressão

Rua Pe. Claro Monteiro, 342 – 12570-000 – Aparecida-SP
Tel.: 12 3104-2000 – Televendas: 0800 0 16 00 04
www.editorasantuario.com.br
vendas@editorasantuario.com.br

SUMÁRIO

APRESENTAÇÃO

É com alegria que apresento o livro: "Santificação das Famílias", do Pe. Giovanni Mezzadri, Missionário Xaveriano. Nosso autor tem escrito bons livros que alcançaram muita aceitação e tiveram muito sucesso. Um livro bom é um bom amigo.

A família é lugar de santificação e de salvação. É uma "Igreja Doméstica", em que o fogão, a vassoura, o computador, o trator são altares, nos quais a família se santifica, graças ao Sacramento do Batismo e do Matrimônio.

Padre Giovanni tem o dom de escrever com profundidade e simplicidade. Com estilo agradável e compreensível, consegue alimentar a razão e dilatar o coração. Creio que a leitura deste livro irá motivar a santificação das famílias que, na atual cultura, está em segundo plano. A maior aventura da vida é a santidade, uma vocação universal. Todos somos chamados à santidade, de modo especial, a família.

Que maravilha termos crianças santas, jovens santos, namorados santos, casais santos, famílias santas. Ser santo é sermos melhores do que somos, seguindo os passos de Jesus Cristo.

Por favor, leia e divulgue este livro na esperança de um mundo melhor, a começar pela família. São muitas as famílias santas a nosso redor. Das famílias santas brotam bons cidadãos, bons cristãos, bons sacerdotes, bons religiosos e boas religiosas, bons missionários e boas missionárias.

Iniciou-se em Cracóvia o processo de beatificação dos pais de São João Paulo II. Eis uma família santa bem perto de nós. Igualmente, os pais de Santa Terezinha de Lisieux alcançaram a honra dos altares. Casais santos, famílias santas não são uma raridade, mas sim uma realidade. Com famílias santas, a Igreja será mais santa e o mundo será bem melhor.

Dom Orlando Brandes
Arcebispo de Aparecida

PREFÁCIO

Tinha 19 quando, lendo uma revista *Missionari Saveriani*, que falava da necessidade de missionários para levar a todos os povos a mensagem de amor de Jesus, eu senti em meu coração um misterioso chamado: "Venha ajudar; você está convidado". O artigo foi escrito por um Missionário Xaveriano, Padre Lorenzo Fontana, sx, recém-chegado da China, expulso do regime comunista ateu de Mao Tsé-Tung, depois de ininterruptos 25 anos de trabalho. Tentei, de várias maneiras, esquecer esse convite, procurava nem pensar mais, eliminá-lo de minha mente, mas não consegui. Tentei namorar, com a finalidade de esquecer; tentei e consegui o brevê de piloto de turismo; fiz o serviço militar na aeronáutica italiana, e lá fiz o Curso de Radarista e o pedido de ingressar na escola de pilotos... tudo sempre com a mesma finalidade: fugir do "convite" que continuava a ecoar em minha mente, mas que, apesar de minhas tentativas, dali não saía.

Um dia, durante uma licença na Aeronáutica, fui convidado por meu primo Vincenzo Canali, muito devoto de Padre Pio – como toda a família dele –, a acompanhá-lo na viagem até São Giovanni Rotondo, na Itália. Ele queria se confessar com o Padre Pio para resolver uma dúvida que o preocupava. Por três dias participamos, toda manhã, da missa celebrada pelo padre, aguardando nossa vez para nos confessar. Ficamos três dias hospedados em um pequeno hotel perto do Convento. Quando nossa vez chegou, eu também pude me confessar e, pensando em me tirar o "pesadelo", ao terminar a confissão disse: "Às vezes me vem a TENTAÇÃO de entrar no seminário". Ele me fitou bem nos olhos e, com severidade e autoridade, disse-me: "QUE TENTAÇÃO, FAZ TRÊS ANOS QUE ESTÁ RECUSANDO O CHAMADO DE DEUS!" Foi um choque! Minha mente se iluminou e pude entender a gravidade de rejeitar esse grande dom que Deus me oferecia. Chorei e, logo que saí do confessionário, senti que precisava dar um basta de me esquivar, que deveria acolher o chamado como uma graça imensa.

Antes de voltar, participei da procissão de Nossa Senhora das Graças, cuja festa aconteceu naqueles dias. Movido por uma força, que não sei de onde vinha, pude carregar, por um breve percurso, o andor da Imagem. Soube depois que, quando uma pessoa recebia uma graça por intercessão de Padre Pio e ia agradecer-lhe, ele dizia sempre: "Vai agradecer a Nossa Senhora!", e eu acabava de receber, por intercessão do Padre Pio, a graça de corresponder ao chamado para o sacerdócio missionário. Por isso, como todos, devia agradecer a Nossa Senhora. Apesar de ele não ter me dito isso, por um impulso irresistível, senti que não podia voltar sem agradecer-lha. Com grande esforço, por causa da multidão de fiéis, por ser o dia da Padroeira do Convento, consegui ir até o andor e carregá-lo um pouco. Quando voltei, logo fiz o pedido de poder entrar no seminário das vocações adultas dos Missionários Xaverianos, onde aceitavam jovens de 18 anos ou mais, cujo reitor era o próprio Padre Lorenzo Fontana, que tinha escrito o artigo do qual Jesus se serviu para me convidar (naquele tempo, normalmente, somente adolescentes eram admitidos nos seminários). Assim que fiquei livre de meu tempo na Aeronáutica Italiana, pude ingressar no Seminário, acompanhado por meu irmão Giuseppe.

A distância de tempo me fez vir uma recordação que me faz pensar como eu, um simples operário, torneiro mecânico, pude ser chamado para uma missão tão grande e muito superior a minhas capacidades. Quando falei em família a decisão de entrar para o Seminário dos Padres Xaverianos, minha irmã, dez anos mais velha, disse-me: "Eu sei por que você foi chamado. Nossa mãe (fazia 14 anos que tinha morrido, por causa de uma longa e dolorosa doença), quando estava grávida de você, consagrou-o a Nossa Senhora, pedindo a graça de que você fosse missionário. Essa consagração ela fez, como também outras mães, a pedido da Madre Celesina Bottego, fundadora das Irmãs Missionárias de Maria, cuja Casa Madre era na mesma Paróquia, e, quando podia, dava conferências para as mulheres da Ação Católica".

Há outro fato que agora ligo a minha vocação. No ano 1943, Parma, a cidade onde morava, foi duramente bombardeada; a noite brilhava com paraquedas especiais que deixavam a cidade iluminada. Meu pai estava preso na Alemanha; minha mãe, com quatros filhos: um com 4 anos, um com 6, uma com 12 e outra com 16, tendo de fugir à noite pelos campos, à procura de um abrigo. Fomos a um grande estábulo (dos Martinelli), onde tinha muitas vacas acorrentadas em confinamento. Era inverno, mas o frio fora amenizado pelo calor das vacas. E muitas pessoas tinham se juntado ali, fugindo às pressas das casas. Tinha um vozerio grande, xingamentos, palavrões... a um certo momento eu, com 6 anos, gritei, sem saber de onde vinham a voz e a coragem: "Parem de falar, devemos rezar para que as bombas não caiam em cima de nós!"; repeti isso algumas vezes. No grande galpão cheio de gente, fez-se silêncio, todos olhavam para mim. Um homem disse a minha mãe: “Faça calar a boca deste menino!” Minha mãe não disse nada e me colocou perto dela, como me protegendo. Logo o vozerio continuou, mas bem mais baixo. Ninguém tomou a iniciativa de rezar, mas creio que muitos, em silêncio, estavam fazendo isso, porque o fragor das bombas continuava cada vez mais perto.

Outro Episódio Significativo

Tinha 10 anos, no ano 1947, quando recebi o sacramento da Crisma. Aos 8 já tinha feito a Primeira Comunhão, como era costume naquele tempo, seguindo as orientações do papa Pio X. Toda a família tinha sido convidada a participar de um almoço festivo a Porporano, pequeno povoado perto da cidade de Parma. Tinha também outros parentes convidados. Meu padrinho era meu primo, Ferdinando Canali, irmão de Vincenzo, aquele que, mais tarde, me convidaria a ir ver Padre Pio. Era 15 anos mais velho que eu. Tinha recebido o encargo de me levar, após a Crisma, à cidade de Parma, para que eu, seu afilhado, pudesse escolher um presente. Fosse o que fosse, não importava o custo, pois a família do padrinho pagaria o que precisasse. Depois da Crisma, levou-me à cidade e me disse: “Giovanni, hoje é a tua festa; agora você veja nas lojas, nas vitrines o presente que você quiser. Pode escolher tudo o que você quiser, não fique preocupado com o preço. Eu recebi a ordem de pagar qualquer presente que você escolher”. Eu fiquei muito feliz e, dentro de mim, pensava: “O que vou escolher?” Andamos por várias ruas belas da cidade, olhando; nas vitrines muitos presentes, bolas, bicicletas, uniformes do time do Parma, jogo completo para jogar a bola, chuteiras, meias, vários jogos de mesas de pingue-pongue, raquetes, aviões de aeromodelismo, para montar depois, e muitos outros presentes encantadores... era só escolher. Mas nenhum me empolgava. O tempo passava, e meu primo ficava me incentivando a escolher. Sabia que era uma ocasião única, que nunca mais teria uma ocasião como essa; mas nada me atraía. A um certo momento, passamos perto de uma grande venda de peixes de todos os tipos, belíssimos. Não sei por que fui atraído pelos peixes. Parei e fiquei olhando, e meu primo me cutucando para ir adiante. De repente, eu disse: "Aquele peixe ali", apontando um belo peixe. Meu primo me disse que era um absurdo, que não era um presente certo para mim. E me olhou com muita surpresa, ficou atônito. Disse-me, chateado: "Mas você está louquinho, um peixe? E o que vou contar quando chegarmos a casa, com todos os parentes convidados, com um peixe? Vão me dar uma saraivada de impropérios. Vão me dizer: "Mas onde você estava com a cabeça de comprar um peixe para um menino, quando dissemos a você que comprasse um brinquedo?! Não faça isso, escolhe outra coisa!" Mas eu estava irremovível. Respondi: "Você me disse que escolhesse o que quisesse, este é o que escolhi". Ele, muito mal-humorado, comprou o peixe. Não digo a vocês a surpresa geral quando, ao chegar, todos queriam ver o presente escolhido e viram um peixe; nem os "insultos" que o coitado do primo teve de aguentar.

Tornei-me Padre Missionário Xaveriano e fui enviado ao Brasil. Depois de treze dias em um navio, junto com mais dois confrades, Padre Alberto e Padre Mario, desembarcamos em Santos no dia 11 de fevereiro 1972, dia de Nossa Senhora de Lourdes. E, até agora, estou aqui nesta segunda "pátria amada, Brasil". Lembrando aquele desejo, não normal, de não comprar um presente comum, mas um PEIXE, pensei: "Coincidência? Não, providência!", como algo profético, como os três PESCADORES DE HOMENS, como todos os missionários. A vocação de cada sacerdote é milagre, fruto de tantas orações do povo de Deus, sobretudo de tantas mães que, com suas famílias, com pactos diferentes, "entenderam-se" com Maria Medianeira de todas as Graças. A elas, a todas as famílias e ao Povo de Deus, à Igreja vai um profundo eterno OBRIGADO pelos meus 50 anos de sacerdócio. Que Nosso Senhor Jesus Cristo seja por todos amado e conhecido. Que anunciemos que Deus é nosso Pai, ama todos e deseja que todos se amem e sintam-se membros da mesma família humana em Cristo Jesus.

INTRODUÇÃO

Eu me chamo Padre Giovanni Mezzadri. Entrei no Seminário Xaveriano, em 1960, e fui ordenado sacerdote Missionário Xaveriano, em 1970, na Itália. Em 1972, fui enviado pela minha Congregação ao Brasil. Trabalhei com os demais sacerdotes da mesma Congregação e também com as Irmãs Xaverianas, para suscitar vocações missionárias, ajudar nas paróquias necessitadas e, sobretudo, suscitar, nos cristãos brasileiros, o ardor missionário, a fim de Jesus ser conhecido e amado por todos os povos da terra, mostrando que Deus não faz distinção entre as pessoas. Pelo contrário, ele aceita quem o teme e pratica a justiça, qualquer que seja a nação a que pertença (At 10,34-35). É preciso que todos saibam que somos convidados a sermos irmãos, filhos de um mesmo Pai, de um mesmo Salvador, Jesus Cristo, de um mesmo Espírito Santo vivificador, de uma mesma Mãe Maria e que pertencemos a uma mesma lei: a do amor.

Começando o trabalho como missionário, diante de tantas necessidades, percebi que não podia atender a tudo. Então precisei fazer algumas escolhas e não me colocar em mil atividades, esquecendo a fundamental: ser sacerdote, escolhido entre os homens em favor dos homens nas coisas que se referem a Deus (Carta aos Hebreus). Iria apoiar os leigos e colaborar com eles nas pastorais para resolver os outros problemas sociais. Percebi que o mais urgente era unir as pessoas a Deus por meio da Igreja, da evangelização e dos Sacramentos; o resto o povo resolveria aos poucos. Devia fazer como o eletricista, que une a lâmpada à fonte de energia, para que ela ilumine. Nessa missão, devia doar toda a minha vida. Tive a graça de ser introduzido no apostolado por vários bons padres.

Como todos os sacerdotes, fui chamado várias vezes para visitar os enfermos e também para rezar nas famílias, seja nas mais pobres, seja nas abastadas, para oferecer um bom conselho, consolar, caso houvesse sofrimento, e, sobretudo, tentar consertar as coisas, que causavam sofrimento pela contínua falta de amor. As brigas eram frequentes e afetavam a vida familiar e profissional, fomentando os vícios. O pedido de socorrer as famílias é feito com bastante frequência aos padres, e sempre as famílias ganham bons conselhos e bons propósitos de reconciliação; infelizmente, outros procuram maus conselheiros, que quase sempre levam o casal ao advogado para sancionar a separação. Às vezes acontece, também, de as famílias bem estruturadas desejarem uma bênção do sacerdote apenas para se santificarem mais. Pode-se dizer que cada família deseja, de vez em quando, receber a visita do sacerdote como representante de Jesus para uma boa palavra e para a bênção.

Um dia, antes de ir à casa de uma família, veio-me à mente a experiência que havia feito com padres de várias nacionalidades, e também com alguns padres amigos, de tentar pôr em prática a palavra de Jesus com as famílias: “Digo-vos ainda isto: se dois de vós se unirem sobre a terra para pedir, seja o que for, consegui-lo-ão de meu Pai, que está nos céus. Porque onde dois ou três estão reunidos em meu nome, **aí estou eu no meio deles**” (Mt

18,19-20). Propus, então, a essa família e, mais tarde, a várias outras – cheias de boa vontade – experimentarem e vivenciarem essa proposta de Jesus. Muitas acolheram com fé a sugestão que lhes apresentei. Após vários dias, procuraram colocar em prática os conselhos que lhes dei; a vida deles, segundo me disseram, melhorou muito. Em alguns casos, contaram-me: "**Recomeçamos nossa lua de mel**". Jesus fala, muitas vezes, do Reino de Deus. Até no Pai-Nosso nos ensina a pedir que "venha Teu Reino"; mas o que é o Reino e como fazer que aconteça? O Reino de Deus é Ele mesmo, Deus, no meio de nós. Ele se realiza em prática quando se vive seu mandamento, que garante sua Presença (CIC).

Essa experiência encorajadora e bem-sucedida me animou a levar a proposta adiante, ao longo de vários anos de vida pastoral – iniciei em 1972 –, para várias paróquias, para várias cidades, como Londrina, Curitiba e São Paulo, cidades menores do interior do Paraná e de São Paulo, onde trabalhei. Exercitei meu ministério como Missionário Xaveriano, seja no centro, seja nas periferias, seja com os mais abastados ou mais pobres; seja com os de direita, de esquerda ou do centro; seja nos arranha-céus, nas comunidades ou nos "assentamentos" do MST, em Cantagalo (PR). Atualmente, estou em uma paróquia na periferia de Hortolândia, no estado do São Paulo.

Depois de ter experimentado propor a Palavra de Jesus nas famílias, pude fazer essa proposta também em lojas, em canteiros de obras com dezenas de operários, em escolas, como, por exemplo, no Colégio Universitário de Londrina, em clínicas, laboratórios e escritórios. Sempre senti um grande desejo de divulgar o Mandamento de Jesus e, sobretudo, ajudar as famílias. Agi implantando a pastoral familiar, onde não tinha, ou colaborando onde ela já existia; ajudei nos encontros de noivos ou de casais para que, mais preparados, atuassem na salvação e na santificação da família. Todos constatamos que a família é seriamente ameaçada pelas forças do mal, que, cada vez mais, querem sua destruição. Há muitos casais, de todas as idades, que querem se separar... é de assustar. E muitos também nem querem mais se casar. Optam por simplesmente se juntarem e ficarem, até quando der. Assim fica mais fácil uma eventual separação, pois não há nenhum impedimento, seja religioso, seja civil. Porém o sofrimento dessa “moda”, sobretudo para os filhos, é muito grande. Meu interesse, como sacerdote, era não somente ajudar cada família a viver melhor essa convivência, como também ajudá-la a ser uma “sagrada família”, com a **presença de Jesus** entre ela.

O Evangelho nos propõe continuamente algo muito grande, muito divino. E sempre observei que o relacionamento entre as pessoas melhorou, com reflexos positivos até na saúde. Como seria belo se, em vários lugares, os cristãos pudessem santificar seu trabalho, com a **presença de Jesus** no meio.

Esse mesmo desejo surgiu fortemente também, quando, morando em São Paulo, em várias ocasiões, fui convidado a ministrar a bênção em família. Pensava: “Como seria maravilhoso se, em todas essas famílias, ou em todos esses grupos de pessoas, Jesus pudesse estar presente, proporcionando a todos sua paz”. E que ela pudesse ser vivida nos grupos bíblicos, nas pastorais, nas inúmeras reuniões, realizadas nas paróquias, para todos experimentarem verdadeiros encontros eclesiais, repletos de felicidades... por **Jesus estar presente**. Jesus deixou bem claro: se não vivermos no amor recíproco, não seremos seus discípulos nem poderemos dizer que somos cristãos. Essa experiência pode ser vivenciada também em lugares difíceis e até hostis. Basta que duas pessoas façam e vivenciem esse pacto de amor recíproco, desejando colocar em prática a Palavra de Jesus, que Ele estará presente. Ninguém saberia, ninguém suspeitaria, mas Ele estaria presente.

Pude fazer essa proposta a três alunos que frequentavam uma sala em que todos se declavam ateus e até combatiam a religião com palavras e com a maneira de se comportarem. Esses alunos fizeram o pacto, em silêncio, e começaram a amar, tendo Jesus no meio. Não passou muito tempo, apareceram mudanças para melhor, porque Ele estava naquela sala, e ninguém, nem de longe, suspeitava. A sala que antes parecia um inferno, aos poucos, foi se modificando. Além de sua presença no coração, estava presente no meio, naquele ambiente. Para isso acontecer, é preciso que ao menos duas pessoas vivenciem o amor recíproco no nível que Ele nos ensinou: "Amai-vos como eu vos amei". Não é um amor somente humano, filantrópico ou de boa educação, mas sim motivado pela **Palavra de Jesus**.

E precisamos estar bem conscientes do valor da Palavra de Jesus, que não é como as outras. **Sua Palavra é a de Deus, é criadora**. Ela realiza o que proclama. "Jesus, o Verbo do Pai, fez morada entre nós, e nós contemplamos sua glória, glória como do unigênito do Pai, cheio de graça e verdade" (Jo 1,14). "O Missionário do Pai anunciou, com sua vida e sua palavra, o Reino da verdade e da graça, da vida e da paz (Doc. 108 da CNBB)".

O que Jesus dizia se realizava: "'Levanta-te', disse a vários doentes, e eles se levantavam. 'Veja', e o cego passava a ver". Como também na Instituição da Eucaristia (Mt 26,26): "Tomai e comei, isto é meu Corpo, tomai e bebei, este é meu sangue... e o pão se mudou no corpo de Jesus e o vinho em seu sangue [transubstanciação]. E disse: 'Fazei isto em memória de mim'". E é o que acontece em todas as missas, pelo poder da Palavra de Jesus. Lembramos os inúmeros milagres ao longo dos séculos em que Jesus confirmou essa verdade. Um exemplo são os famosos milagres de Lanciano, de Bolsena, na Itália central, na Bélgica, e em muitos muitos outros lugares. Um caso recente foi o da bem-aventurada Alexadrina Maria da Costa, em Balazar, Póvoa de Varzim, em Portugal, que viveu 13 anos somente da Eucaristia.

Em outro trecho, em que fala de Jesus ressuscitado, também se realiza o que se profere: "Recebei o Espírito Santo; a quem perdoardes os pecados, ser-lhes-ão perdoados, e a quem não os perdoares, ser-lhes-ão retidos" (Jo 20,22-23). São Palavras de Jesus, que é Deus; isso acontece realmente. É a Palavra de Jesus que o sacerdote profere e que, de verdade, se realiza. É o Sacramento da reconciliação, do perdão, que a Igreja exerce ao longo dos séculos. Por isso devemos acolher também essa Palavra, com a mesma fé, com a mesma certeza de que realiza o que promete. Estamos assistindo a uma crise de valores em toda a sociedade, assim como à diminuição das vocações. E todos concordam que, se queremos ter cidadãos honestos e dedicados em todas as áreas, se queremos ter santas vocações sacerdotais, religiosas e missionárias, devemos **sanear e santificar as famílias**. Aos poucos, o ambiente iria mudar; melhoraria com certeza! Mas depende de nós, de como vivemos o amor recíproco proposto no Evangelho.

Seria verdadeiramente maravilhoso e grandioso desencadear essa revolução pacífica em que **todos se sentissem amados e se amassem**. Pode-se pensar que é uma utopia, mas, sabendo que é baseada nas palavras de Jesus, podemos esperar que seja viável, que pode acontecer, como já aconteceu em várias partes do mundo. **A meta é tornar nossa família verdadeira Igreja doméstica, como a família de Nazaré.** Seria como, apesar das dificuldades, experimentar aqui e agora, um pouco, o Paraíso na terra. É o **Reino de Deus acontecendo**. O Reino definitivo será realizado pelo próprio Jesus, em seu tempo, que não sabemos, mas que, com certeza, virá. Entretanto, Ele já quer reinar aqui conosco. O Reino de Deus é Ele, não importa o tipo de casa ou local; não importa a raça, a cor, a língua, a cultura; também não pede que já sejamos santos.

Apostolado da Oração

Certa vez, morando em São Paulo, em nossa Casa Central, recebi um telefonema de duas irmãs professoras aposentadas, Dina e Irene, zeladoras do Apostolado da Oração da Paróquia Nossa Senhora do Carmo. Nesse telefonema me pediram: "Padre, por favor, o senhor poderia ir conosco a uma família que deseja fazer a entronização do quadro do Sagrado Coração de Jesus e de Maria. Gostaríamos de reunir também os vizinhos; assim podemos incentivar mais famílias". Respondi: "Claro, com muito prazer". Fui àquela casa e aproveitei a ocasião para ensinar-lhes como, além do quadro e das promessas de Jesus, poderiam experimentar sua real presença, com a vivência de sua incomparável promessa: "Digo-vos ainda isto: se dois de vós se unirem sobre a terra para pedir seja o que for, consegui-lo-ão de meu Pai, que está nos céus. Porque onde dois ou três estão reunidos em meu nome, **aí estou Eu no meio deles**" (Mt 18,19-20).

Muitas famílias têm em sua casa uma imagem de Jesus, ou de Maria, ou um Crucifixo. Isso é muito bom, porque os olhos são as janelas da alma. Uma imagem nos faz lembrar a pessoa que nela está representada. Sabemos, por exemplo, que um filme, feito de muitas imagens, pode causar em quem lhe assiste muitos pensamentos, de acordo com o que é projetado. Nós temos também fotos de nossos familiares, vivos ou falecidos, que nos ajudam a lembrar deles. Como católicos, conhecemos a importância de ter em cada família a imagem ou a estátua da SAGRADA FAMÍLIA. E nenhum católico pensa em adorar essas imagens; ninguém diz que é adoração. Somente a má-fé de certas pessoas, que são culpavelmente ignorantes ou agem maldosamente, insiste nesse ponto. Isso pega muitos católicos desprovidos, que não sabem o que responder, e faz com que mudem de Igreja. Culpa de nossa evengelização deficiente, que não ensina suficentemente como responder a várias calúnias. Como "adoração das imagens", os "filhos de Maria", o "primado de Pedro e seus sucessores", a "Eucaristia", a "Confissão", o "Batismo das crianças", o "celibato dos sacerdotes"... essas propostas é o próprio Jesus quem nos faz (Mt 19,10-30). E tudo isso é possível, está a nosso alcance. É Ele mesmo que nos ensina. Nas famílias em que pude oferecer essa proposta de estar reunidos em nome d'Ele, disseram-me que estavam experimentando uma grande melhora no relacionamento familiar. Se temos o quadro do Sagrado Coração de Jesus e Maria, é ótimo, mas não basta; se não há desejo de viver concretamente seu mandamento no seio da família, podemos ter todas as Sagradas Imagens, mas não se experimentará sua presença. Pode até faltar o quadro, pode faltar qualquer Imagem, se tiver o amor recíproco, as pessoas experimentarão algo diferente, isto é, Ele mesmo presente. Assim, veio-me a ideia de escrever este pequeno livro para colaborar com muitas famílias e com quem quisesse experimentar essa maravilhosa promessa, a fim de se tornar realidade uma promessa que não é minha, mas do próprio Jesus. “Pai, que todos sejam um como nós somos um” (Jo 17,21), “para que minha alegria esteja em vós e seja plena” (Jo 15,11). Em cada Missa, há uma passagem que pede ao Pai esta graça da unidade: “E nós vos suplicamos que, participando do Corpo e do Sangue de Cristo, sejamos reunidos pelo Espírito Santo **num só corpo**” (Oração Eucarística II).

1

UM OLHAR PARA A REALIDADE ATUAL

A humanidade anda angustiada. Tem sede de felicidade, de amor verdadeiro, de paz e de um novo relacionamento. Gostaria de fazer uma breve e limitada análise do mundo onde vivemos. Não quero ser pessimista, porque, nesses últimos anos, embora tenha havido regressos, há muitos progressos em muitas áreas, por isso temos de agradecer a Deus e a tantas pessoas de boa vontade. Para poder oferecer uma esperança de algo novo, **que melhore** a vida, coloco o acento naquilo que mais nos aflige, o negativo, para que, aos poucos, possa ser transformado em positivo.

Não muito tempo atrás a vida era mais simples e menos competitiva. As pessoas seguiam com mais naturalidade os costumes e as tradições. Sentiam-se mais serenas, mais em paz, sem muitos questionamentos; o tempo parecia transcorrer "mais lento" do que agora. Hoje, tudo evoluiu, e estamos vivendo como em outro mundo. Se olharmos como se vivia alguns anos atrás e compararmos com a maneira como se vive hoje, perceberemos muita diferença em todos os campos da vida. Temos muitos valores que ajudam, muito progresso, mas também, em maior escala, muito retrocesso em questões de ética e moral. As dúvidas se avolumam. Parece que nada é estável. De uma hora para outra, tudo pode mudar, conforme as conveniências. Tudo é volátil, líquido, e, praticamente em todas as atividades da sociedade humana, instaurou-se a ditadura do relativismo.

Multidões enveredam para a degradação dos costumes e, o que é pior, quase sem perceber. Poucos se importam com a observância dos princípios cristãos. O lema que vigora e norteia muitas pessoas é: "Eu quero ser feliz; tenho direito de ser feliz", e elas não se importam muito com a ética, a moral ou com a palavra de Deus. Sistematicamente, sem ser exageradamente pessimista, Jesus, o Salvador e Senhor de todos os homens, tem sido cada vez mais banido de famílias, instituições, escolas, empresas e nações. Basta observar em quantas nações, com um grande número de cristãos, o aborto é aprovado ou recomendado com facilidades cada vez maiores, sobretudo quando há fetos com anormalidades.

A vida também se tornou mais complicada, mais competitiva. Todos querem possuir os vários bens e as comodidades que o mundo moderno oferece, sem medir o altíssimo preço que, às vezes, têm de se pagar: a perda da saúde, da amizade com Deus e, como uma praga que se alastra em todas as nações, a destruição da família.

Nada parece satisfazer o coração do homem do tempo em que estamos vivendo. Todos querem o último modelo de tudo e para agora. O que antes era suficiente para viver com certa serenidade, hoje não satisfaz; as ambições são cada vez mais desmedidas. Os jovens, principalmente, têm questionamentos existenciais, alimentados ainda mais pelos novos meios de comunicação da atual tecnologia, sempre mais avançada; como sempre, há o lado bom e o lado ruim. Os jovens sofrem, sobretudo, quando, querendo entrar na sociedade para oferecer a própria contribuição de trabalho, encontram portas fechadas. O flagelo do desemprego os faz se sentirem como se fossem desnecessários neste mundo. Muitas vezes, sem perspectiva para o futuro, entram até em depressão ou no mundo do crime, e não raramente cometem o suicídio. Santo Agostinho dizia: "Inquieto é nosso coração até que não descanse em ti" (I, 1, p. 21). Ainda mais hoje, quando o mundo tenta oferecer aos jovens tudo que os deixa ainda mais vazios, menos o espiritual. A comunicação virtual de todos os tipos deixa as pessoas fascinadas e até viciadas, mas infere-se, ao mesmo tempo, que há o anseio de uma comunhão verdadeira, mais personalizada. Observa-se um desejo de algo profundo que satisfaça, entretanto isso não se encontra facilmente. O papa Francisco, na Carta para o Dia Mundial das Comunicações, em 2 de junho de 2019, fez-nos refletir sobre os novos meios de comunicação: um recurso maravilhoso, que une as pessoas em tempo real no mundo inteiro, que leva notícia e cultura, antes somente acessíveis por meio de livros e enciclopédias, que agora estão a nosso alcance com um clique e que nos interliga em grupos sem problema de distâncias. Adverte-nos sobre os perigos desses meios que, quando não são usados devidamente, podem se tornar algo nocivo para nossa vida. Basta pensar nas falsas notícias, na disseminação dos cyberbullyings, que podem levar até ao suicídio ou à depressão, da pornografia, do satanismo em suas muitas formas de propagação da violência, incentivada por certos videogames.

O ataque à família

A ameaça maior que existe é o desligamento ou o **enfraquecimento** das relações interpessoais, sobretudo nas familiares, quando não são devidamente ordenadas. Uma vez Irmã Lúcia, a vidente de Fátima, disse que o mais perigoso ataque do demônio contra a humanidade seria tentando destruir a Igreja, começando pelas famílias, profecia confirmada pelo santo papa João Paulo II. Podemos pensar a teoria do gênero como um grande ataque visando a essa destruição, ao pretender entrar como teoria obrigatória nas escolas. Felizmente, ainda há uma grande oposição, em que se encontraram unidos todos os cristãos, católicos e não católicos, e todas as pessoas de bem de qualquer religião. Outra ameaça é a tentativa de proibir o sacerdote, em sua função de pastor das almas, de avisar os fiéis sobre a verdade bíblica a respeito do homossexualismo e do lesbianismo, de explicar a diferença entre o respeito e a tolerância, a não discriminização e a aceitação como conduta normal e até com direito de casamento religioso e adoção de filhos. Os meios de comunicação de última geração, com todo o poder positivo e negativo, se não são usados para o bem, podem trazer graves consequências ao ser humano.

Antes, nas famílias, era suficiente não ter brigas, não ter conflitos graves. Se houvesse o necessário para viver, parecia que tudo era resolvido. Agora, às vezes, os pais interrogam os filhos que andam revoltados e insatisfeitos: "Mas o que vocês querem mais? Vocês têm de tudo, não lhes falta nada!" Um pai, chorando, disse-me: "Por que minha filha tentou o suicídio? Não lhe faltava nada!" Faltava-lhe um amor íntimo e profundo com os pais, algo mais importante que as coisas materiais. Faltava-lhe um diálogo franco e amoroso, o colo dos pais, sobretudo, faltava-lhe Deus. Raramente os pais se preocupam com isso. Quando o fazem, é como obrigação social; muitas vezes, tarde demais. Obviamente, aqui não estamos falando dos casos de distúrbios psiquiátricos em âmbito fisiológico. Normalmente, os pais desejam que os filhos façam a Primeira Comunhão, e os fervorosos, a Crisma, mas não veem a hora de tudo terminar para não serem continuamente convocados à Paróquia para acompanhar, ao menos um pouco, os filhos. Em casa, preocupam-se muito com os estudos, que visam a uma boa colocação no futuro, mas não com o conhecimento e com a vivência da fé. Raramente os pais "perdem tempo" para ficar com os filhos, sobretudo, para ensinar-lhes a rezar, rezando com eles, sendo os primeiros catequistas. Nos dias de hoje, é um grande feito encontrar uma criança de 10 anos que saiba rezar o Pai-Nosso, a Ave-Maria e o Credo. Decorar os Dez Mandamentos, então... Diminuiu muito a reza em família e, mais ainda, a reza do terço (rosário), como muitas famílias costumavam fazer. Agora, ninguém tem tempo e sempre se está correndo por causa de mil atividades; quando o tempo surge, a TV e os demais meios eletrônicos o ocupam.

Para preencher esse vazio, aparece, sobretudo para os jovens, como solução, às vezes virtualmente, a pornografia, oferecida com fartura, até para as crianças, as drogas sempre com a finalidade de "Tenho o direito de ser feliz". Procura-se a felicidade a qualquer preço, mesmo que o custo seja o abandono do amor à própria vida, do temor a Deus e da observância de seus mandamentos. A tradição e os sacramentos, muitas vezes, são ignorados. Os melhores dizem que Deus é bondoso e vai nos entender! O inferno a maioria nem sabe que existe nem ouve falar dele. Muitos casamentos, depois de anos, desfazem-se;

inclusive os de pessoas que frequentam a Igreja. Muitos casais sentem **um vazio, algo que ainda falta, que não sabem explicar**. A vida de casado, muitas vezes, reduz-se a uma rotina mais material que espiritual, mesmo alguns indo à missa dominical. A oração é escassa, cada um por conta própria e, até mesmo, às vezes, supersticiosa. Essa vida gera um certo cansaço de "vida rotineira", que não completa totalmente este irreprimível anseio de amar e ser amado em profundidade. Em muitas famílias impera a incompreensão entre gerações, sobretudo entre pais e filhos.

No mundo de hoje, competitivo e complicado, em que "se correr o bicho pega e se ficar o bicho come", alastra-se assustadoramente os **casos de depressão**, considerada "o mal do século". Muitos casais, sentindo essa sutil tristeza da vida, com dificuldades, aceitam, no máximo, dois filhos. Nos supermercados das grandes cidades, você encontra três prateleiras com produtos para gatos e cachorros, que, às vezes, são chamados de "meu filho", e somente uma prateleira para bebês. O envelhecimento da sociedade se baseia em vários fatores. Além de um avanço notável da medicina e da alimentação, as máquinas substituem o homem em muitos trabalhos pesados. É algo muito positivo. Mas, em meio a esse "admirável mundo novo", a convivência nas famílias é, muitas vezes, difícil. Pesa aqui a rápida mudança de mentalidade entre as gerações. É flagrante a solidão de que padecem os idosos, sobretudo, se não sabem acompanhar os avanços tecnológicos. Todos sentem um **desejo de mais unidade**, mas não sabem como realizá-lo. Muitos recorrem a presentes. Quando visitam seus familiares e amigos, o fazem mais por obrigação do que por verdadeiro amor. A vida é tão corrida que não se encontra mais tempo para dialogar. Até a Novena de Natal, que acabava na véspera e era vivida antigamente, muitas vezes, é antecipada “porque temos tantos compromissos que não dá tempo”. No fim, chega o Natal, sem, muitas vezes, uma verdadeira preparação espiritual. A regra é “cada um por si e quem pode mais chora menos”. Percebe-se uma grande falta de amor verdadeiro. O “eu te amo” tem sido da boca para fora. Estamos longe de expressar amor de verdade. É um pouco como “Feliz Natal”, “Feliz Páscoa”, “Feliz aniversário”, “Como vai? Tudo bem?”, “Tudo bem, obrigado”. Tudo isso é muito bom, sem dúvida, mas quantas vezes soam meio vazios, sem sinceridade ou interesse. Essa breve análise, sem dúvida imperfeita, é só para que nos situemos em uma **realidade que clama por algo mais, para ver se é possível melhorar**.

O ataque à unidade da Igreja

Na Igreja se percebe uma certa divisão que tende a se acentuar. Apesar de o papa Emérito Bento XVI e o papa Francisco se amarem, ajudarem-se mutuamente e dialogarem, há pessoas que tentam criar divisões. Alguns, mais tradicionais, seguem uma linha imaginária, inventada por eles, pensando ser o papa Bento o verdadeiro Papa. Assim rejeitam o papa Francisco, alegando ser este mais liberal e até herético. Outros rejeitam todo o passado, todos os demais Papas, porque acreditam que só o papa Francisco abre as portas da Igreja e a torna acolhedora e misericordiosa. Veja como os inimigos da Igreja tentam desestabilizá-la, desuni-la, destruí-la (ver os últimos filmes blasfemos que retratam Jesus como homossexual e Maria como uma devassa). Na realidade, cada um procura justificar suas opiniões e condutas apoiando-se em um ou outro. Existe também entre o clero uma certa divisão que pode, se não corrigida pelo estudo sério da doutrina católica, pelo diálogo e pelo amor, ameaçar a unidade da Igreja com seu patrimônio de fé. A acentuação a uma diferente visão da Igreja – alguns focalizando mais a parte social e política; outros focalizando mais a espiritualidade – gera consequências na pastoral. Há muitos preconceitos de uma e de outra parte. O pároco de uma Paróquia é chamado de mais "conservador", "tradicionalista", o outro é visto como mais moderno, mais para frente, mais atento ao social... Essas diferenças refletem-se na liturgia, na pastoral, na escolha dos subsídios pastorais etc.

Nesse sentido, observa-se dentro da Igreja um anseio de uma unidade maior, de um diálogo maior, de uma recíproca compreensão. No fundo, um amor maior entre o clero e todo o povo cristão em geral.

Está-se chegando a um progressivo INDIFERENTISMO RELIGIOSO. Os adeptos dessa nova maneira de pensar e viver não combatem a Igreja, acham até que é útil, desde que não mexa na moral, na ética e na política. Gostam porque "fica bem", para alguns eventos, externar uma espiritualidade, mas praticamente ignoram a Igreja e seus mandamentos e seguem a vida do jeito que ela vem, seguindo a moda do momento, não se importando com o além desta vida. O lema é "ser feliz o máximo possível agora, nesta vida, porque depois da morte ninguém sabe o que tem". A voz da Igreja é ignorada e, para chegar a este ponto, a causa está em nossas divisões e na falta de testemunhos. Chega-se até a declarar a morte de Deus e vive-se o ateísmo prático.

Percebe-se, porém, uma profunda frustração da alma, porque a pessoa não encontra aquela plenitude que possa satisfazer o espírito. Tampouco encontra a comunhão desejada. Conforme disse o papa Bento XVI, "A declaração da morte de Deus é a declaração da morte do homem. É um ato suicida". Por outro lado, esta é a promessa de Deus: "Põe tuas delícias no Senhor, e os desejos de teu coração ele atenderá" (Sl 36,4). É como está escrito na Sagrada Escritura:

> Eis o que diz o Senhor: maldito o homem que confia em outro homem, que da carne faz seu apoio e cujo coração vive distante do Senhor! Assemelha-se ao cardo da charneca nem percebe a chegada do bom tempo, habitando o solo calcinado do deserto, terra salobra em que ninguém reside. **Bendito o homem que deposita a confiança no Senhor**, e cuja esperança é o Senhor. Assemelha-se à árvore plantada perto da água, que estende as raízes para o arroio; se vier o calor, ela não temerá, e sua folhagem continuará verdejante; não a inquieta a seca de um ano, pois ela continua a produzir frutos (Jr 17,5-8, negrito nosso).

Cabe a nós tomar a decisão de seguir o caminho da vida ou da morte. Mas, para encontrar o rumo certo, é muito importante erguer os braços suplicantes e humildes a Deus com muita oração, reconhecendo nossos erros e pedindo ajuda divina. Nosso tempo exige uma espiritualidade que consiga realizar – tornar real – o grande anseio de amor de uma comunhão que nos permita um conhecimento recíproco e verdadeiro. Antes de tudo se faz urgente que o povo de Deus reze mais, porque será pelas orações feitas com fé e amor que se encontrará a solução, ou as soluções. Somente assim saciaremos a sede de nossa alma de uma verdadeira felicidade. Jesus veio a este mundo para isso, para nos fazer felizes e "que nossa felicidade seja plena" (Jo 15,11).

2

DEUS FEZ UM MUNDO RUIM? O PROBLEMA DO MAL

Um dia, durante um encontro de catequese, quando eu falava de como Deus é amor e dos outros atributos divinos – inclusive que tudo pode, porque é Todo-Poderoso –, um adolescente me disse: "Padre, se Deus é Todo-Poderoso e é amor infinito, por qual razão criou um mundo tão ruim, tão bagunçado? Se eu fosse Deus, podendo fazer tudo, teria feito um mundo melhor. Por exemplo, não precisaria ir à escola, não teria trabalhos pesados, nem criminosos, nem doenças e nem a morte". Eu respondi: "Muito inteligente sua pergunta. Pegue a Bíblia e leia a passagem em que se fala da criação, no livro do Gênesis, para ver que mundo Deus queria". Ele leu a página da criação e viu como Deus queria que o mundo fosse: **o paraíso terrestre**. Assim pude explicar, resumidamente, como entrou o mal no mundo.

Tudo o que Deus criou era bom. Deus, porque é amor, quis compartilhar sua vida com outros seres, que pudessem amá-lo e serem amados. E, para poder ter essa possibilidade, deveria dar a eles **o dom da liberdade, porque, se não fossem livres, não poderiam amar**. Do contrário, seriam como os animais, como robôs: não pecariam, mas também não poderiam dizer livremente “**Eu te amo**”.

Deus criou os anjos todos bons e inteligentíssimos, puros espíritos, para que pudessem gozar da grandeza e da beleza de Deus. Também a eles foi dado o dom da liberdade, do livre arbítrio, para que livremente pudessem amar a Deus. Por livre decisão de Deus, foram submetidos a um teste. Como é narrado no capítulo 12 do Apocalipse, uma parte de anjos decidiu se rebelar contra Deus, **não querendo obedecer**. Chefiados por Lúcifer, o mais inteligente dos anjos (seu nome quer dizer “portador de luz”), disseram a Deus: “Não serviremos”. Houve uma batalha no Céu. O arcanjo Miguel, com os anjos fiéis, ao brado **“Quem é como Deus!”** rechaçaram os rebeldes do paraíso. Assim começou o inferno, lugar onde os anjos rebeldes, agora chamados demônios, odeiam a Deus e, por ódio contra Ele, tentam os homens ao mal, para que eles também desobedeçam.

As consequências do pecado das origens são tristes e dramáticas e persistem ao longo dos séculos, porque o pecado se alastra cada vez mais. Idolatrias, doenças, violência, superstição e toda espécie de mal se espalham em toda a face da terra. É como está escrito nas Sagradas Escrituras: “Tudo está em uma confusão completa – sangue, homicídio, furto, fraude, corrupção, deslealdade, revolta, perjúrio, perseguição dos bons, esquecimento dos benefícios, contaminação das almas, perversão dos sexos, instabilidade das uniões, adultérios e impudicícias – porque o culto de inomináveis ídolos é o começo, a causa e o fim de todo o mal” (Sb 14,25-27).

O pecado estraga a harmonia do relacionamento que nossos primeiros pais gozavam no paraíso terrestre. A plena comunhão com Deus e entre eles é rompida. O cenário agora é de brigas, tensões e incompreensões. Adão acusa Eva: "Foi ela que me seduziu". A desarmonia se alastra em todas as relações entre os homens. Caim mata Abel. A natureza e os animais se tornam hostis. O homem terá de ganhar o pão com o suor de sua fronte. A mulher dará à luz com dores de parto. Finalmente, por causa de sua desobediência a uma soberana ordem de Deus, o homem é privado de sua glória. Doravante, a doença, a velhice e a morte, o "salário do pecado" (cf. Rm 6,23) não pouparão nenhum filho de Adão.

De acordo com o Catecismo da Igreja Católica,

> Pelo pecado dos primeiros pais, o Diabo adquiriu certa dominação sobre o homem, embora este último permaneça livre. O pecado original acarreta a servidão debaixo do poder daquele que tinha o império da morte, isto é, do Diabo. Ignorar que o homem tem uma natureza lesada, inclinada ao mal, dá lugar a graves erros no campo da educação, da política, da ação social e dos costumes (CIC 407).

A humanidade inteira, que andava mergulhada nas trevas da idolatria, com todas as tristes e dolorosas consequências, recebe uma esperança. Algo maravilhoso acontece.

> Depois da queda, o homem não foi abandonado por Deus. Ao contrário, Deus o chama e lhe anuncia de modo misterioso a vitória sobre o mal e o soerguimento da queda. Esta passagem do Gênesis foi chamada de "protoevangelho", por ser o primeiro anúncio

do Messias redentor, a do combate entre a serpente e a Mulher e a vitória final de UM DESCENDENTE desta última (CIC 410).

Jesus chama o Diabo de "príncipe deste mundo" (Jo 16,11). O Magistério da Igreja afirma que "Esta situação dramática do mundo, que 'está sob o poder do Maligno' (1Jo 5,19), faz da vida do homem um combate; uma luta árdua contra o poder das trevas perpassa a história universal da humanidade. Iniciada desde a origem do mundo, vai durar até o último dia, segundo as palavras do Senhor, e se concluirá com a vitória de Cristo e a instauração do novo Céu e nova Terra. Inserido nessa batalha, o homem deve lutar sempre para aderir ao bem" (CIC 409).

3

A HISTÓRIA DA SALVAÇÃO

Esta parte é um breve resumo. Não é um estudo bíblico completo, mas somente para lembrar as etapas principais.

Deus é amor. Olhando para o miserável estado do homem decaído, o Criador de todas as coisas se compadece da humanidade e vem em socorro de todos os filhos de Adão, humilhados pelo pecado e suas terríveis consequências. Em seu misericordioso coração de Pai, escolhe Abrão e sua família para **iniciar seu maravilhoso plano de redenção do gênero humano**.

Pede a seu eleito que deixe de adorar falsos deuses e comece a **adorar somente a Ele**. Ordena que saia de sua terra e lhe indica uma nova terra onde deverá se estabelecer. Em um ato de fé, Abrão obedece e começa a pôr em prática o que Deus lhe sugere. No mundo, inicia-se uma nova etapa para a humanidade. Pela primeira vez, um homem, inspirado por Deus, em quem põe toda a sua confiança, deixa de adorar vários deuses para adorar o único e verdadeiro Deus. Seu nome agora é Abraão. Tem começo a história da salvação que será completada com o próprio filho de Deus, Jesus Cristo.

Com Abraão e sua descendência, começou o povo de Israel. Conforme Deus prometera, teve um filho, Isaac, que perseverou na mesma fé de seu pai. Isaac teve dois filhos, Esaú e Jacó. Também Jacó continuou a crer como o pai. Ele teve doze filhos. Por causa de uma grande seca, os doze filhos tiveram de emigrar da terra que Deus lhe tinha dado para o Egito, onde havia fartura. Abençoados por Deus, multiplicaram-se e tornaram-se um grande povo. Ficaram lá por cerca de 350 anos.

O Egito, naquele tempo, era o povo mais evoluído. Os israelitas, de simples pastores, puderam aprender e crescer culturalmente, conservando a fé no único Deus, que se tinha revelado a Abrão; multiplicaram-se. Viviam em paz com os egípcios, até surgir um Faraó que, observando como os hebreus não se misturavam com a religião dos outros povos, teve medo de que, em caso de guerra, eles pudessem se revoltar, a ponto de usurparem de seu trono.

O Faraó, então, decidiu acabar com os hebreus, mandando matar as crianças de sexo masculino e escravizar o povo com trabalhos massacrantes. O povo implorou a Deus que fosse a seu socorro. Deus ouviu, e, com a ajuda de Moisés, depois de muitas dificuldades (as dez terríveis pragas), o povo hebreu conseguiu a permissão do Faraó para poder voltar para terra de seus antepassados.

Moisés reuniu o povo e explicou-lhes que, naquela mesma noite, sairiam livres. Cada família deveria matar um cordeiro, assá-lo, comê-lo e passar o sangue dele nas portas. Naquela noite, o anjo exterminador passaria em todas as casas. Seriam poupados todos os filhos primogênitos, cujas casas estivessem marcadas com o sangue do cordeiro. Onde não fosse encontrado o sangue, morreriam todos os primogênitos.

Finalmente, angustiado pela morte de seu filho primogênito, o Faraó deixou o povo hebreu iniciar sua marcha para a Terra Prometida. Depois de carregar seus pertences, os descendentes de Abraão começaram a longa caminhada. Iniciou-se o êxodo. Chegando até o Mar Vermelho, no trecho mais estreito, mas igualmente intransponível, não puderam passar. O Faraó, pressionado pelo povo, que não queria perder tanta mão de obra barata, arrependeu-se de tê-los deixado partir. Então, organizou suas tropas e deu ordem para que seu exército os levasse de volta.

Quando os hebreus perceberam a impossibilidade de avançar – na frente o mar e atrás o exército do Faraó, em seu encalço, já chegando –, amargurados e desesperados, começaram a murmurar, dirigindo-se contra Moisés. Acusaram-no de ter tirado o povo do Egito para morrer no deserto. Foi um momento dramático. Mas, nesse momento, Deus, após as súplicas de Moisés, interveio de uma maneira milagrosa.

Naquele momento, houve uma forte ventania, e uma baixa maré descomunal permitiu o povo passar para o outro lado a pé (Pessach = passagem = Páscoa), isto é, fizeram a passagem, não somente do Mar Vermelho, mas da escravidão para a liberdade. Quando chegou o Faraó e suas tropas, adentraram o leito do Mar Vermelho, certos de que alcançariam os hebreus. E mais uma vez "a mão de Deus" interveio, fazendo as águas voltarem a seu leito, impedindo que os hebreus fossem alcançados.

Moisés e o povo compreenderam que tal prodígio não foi uma coincidência, mas uma providência. Tudo aconteceu por iniciativa e poder de Deus. Cheios de temor e gratidão, ergueram as mãos para louvar o Senhor dos Exércitos que os livrara das mãos do Faraó. Perceberam com toda a clareza que o Deus, em quem puseram sua confiança, interveio, agindo em favor do povo para libertá-lo da escravidão.

Esse acontecimento marcará para sempre a fé do povo hebreu. O Deus, em quem acreditavam, era vivo e libertador, que olhava para seu povo. Esse evento será comemorado a cada ano, quando o povo chegar à terra que Deus tinha prometido a Abraão e sua descendência.

Livre do pesado jugo da escravidão, o povo de Israel se pôs a caminho. Experimentou provações na longa caminhada em uma terra árida, com pouca água e comida escassa. Nesse deserto, foi provado por Deus, que permitiu que passasse fome e sede (a famosa provação de Massa e Meriba), mas que sempre interveio para alimentá-lo, com o maná, com água brotada até de rocha, em certos casos. O Senhor de todas as graças jamais deixaria de acompanhar seu povo com sua proteção. É bom lembrar que nós também somos o novo povo de Deus a caminho da Terra Prometida e, da mesma maneira, somos provados, mas devemos ter a certeza de que Ele não abandonará.

Antiga aliança no Monte Horeb-Sinai

Durante a longa caminhada, chegaram à Serra do Horeb. Ali o povo acampou, e Deus chamou Moisés para que subisse na montanha e ficasse um bom tempo no monte Sinai só com Ele (40 dias e 40 noites). Naquela solidão e intimidade, Deus lhe revelou que iria fazer uma Aliança com o povo de Israel. Mandou que escrevesse na pedra dez mandamentos, que descesse e os explicasse bem detalhadamente ao povo. Se o povo se comprometesse a observá-los, Ele se comprometeria a protegê-lo de maneira toda especial.

Moisés desceu e revelou a Aliança que Deus queria fazer com eles e lhes explicou os mandamentos um por um. Insistiu que fossem fiéis na observância, pois, assim, seriam abençoados por Deus em tudo. Mas também expôs que, se deixassem de observar os mandamentos, quebrando a Aliança, sofreriam as consequências. O povo, após ter sido bem esclarecido sobre como vivenciar o Pacto, comprometeu-se a colocar em prática, com fidelidade, tudo o que Moisés explicou da parte de Deus. Moisés selou a Aliança, aspergindo com o sangue de um cordeiro o povo e o altar (símbolo de Deus). E mandou o povo festejar com grande alegria esse Pacto, essa Aliança.

Continuando a marcha rumo à Terra Prometida, colocou as tábuas da Aliança em uma arca, com um pote de maná (a alimentação milagrosa recebida do Céu). Essa Arca era para o povo um sinal visível da presença de Deus, que caminhava junto rumo à terra que Ele tinha prometido a Abrão e aos seus, e de que o haveria de abençoar e ajudar em tudo o que precisasse, prometendo uma numerosa descendência.

Renovação da aliança na Terra Prometida

Quando chegaram à Terra Prometida, dividiram-na em partes justas, segundo as 12 tribos e de acordo com o número de filhos de cada família. Deus mandou que, a cada ano, celebrasse, nas casas e no Templo, o grande evento da **passagem (Pessach = Páscoa)** do Mar Vermelho pelo seu divino poder. Nessa ocasião solene e festiva, trariam à memória o evento libertador (Êxodo) em que o Senhor dos Exércitos libertou seu povo das mãos do Faraó, comprometendo-se igualmente a renovar a Aliança do Monte Sinai. A celebração era realizada nas casas e mais solenemente no Templo, em uma ceia especial, seguindo um certo ritual. Servia para ajudar a lembrar a passagem da escravidão para a liberdade, não pela força humana, mas pelo poder de Deus. A mesa continha uma comida diferente da normal: pão ázimo, sem fermento, providenciado pelas mulheres para poder durar mais na travessia (pois o pão com fermento em pouco tempo mofava); ervas amargas, lembrando a amargura da escravidão; molho vermelho, lembrando os tijolos amassados nos pesados trabalhos; quatros taças de vinho, lembrando o sangue da aliança do cordeiro, os vários sofrimentos do povo, o sangue que foi aspergido nas portas e umbrais, para que o anjo exterminador não tocasse os filhos dos hebreus, e o sangue que foi aspergido no dia em que fora selada a Aliança no Monte Sinai.

O filho mais novo deveria perguntar: "Pai, por que esta noite é diferente de todas as noites?" O pai respondia fazendo uma catequese familiar, explicando toda a história, desde Abrão, até a ida ao Egito, e, sobretudo, a Páscoa, a passagem milagrosa do Mar Vermelho, a Aliança no Monte Sinai, a tomada da Terra Prometida e o compromisso para que a família sempre se lembrasse da tradição. Depois faziam-se várias orações, especialmente as de agradecimento e as da promessa de continuar a serem fiéis a essa Aliança, comprometendo-se a observar os mandamentos e a confiar no mesmo Deus, Libertador, Protetor do povo e de cada um.

A história do povo hebreu é centrada na fidelidade ou infidelidade à Aliança. Quando o povo era fiel ao que tinha prometido, experimentava os benefícios divinos e progredia em tudo; mas, quando relaxava, sobretudo indo atrás das religiões pagãs dos povos vizinhos, com todas as suas aberrações e idolatrias, Deus retirava sua bênção, e o povo sofria as tristes consequências: pragas, enchentes, secas, derrotas militares e até desterro no exílio por 75 anos, na Babilônia.

O povo aflito se queixava com Deus, pensando que Ele o teria abandonado. Deus, então, suscitava **os profetas** (ver na Bíblia os vários profetas), que faziam o povo refletir e perceber que não era Deus que o tinha abandonado, **mas sim ele abandonou Deus**, deixando de observar a Aliança. Quando se arrependia, Deus estava sempre pronto a perdoar-lhe e o abençoava.

A história do povo hebreu, narrada na Bíblia, é uma sequência contínua de fidelidades e infidelidades. Mas o amor misericordioso de Deus sempre foi maior que a ingratidão e o pecado.

No tocante à singeleza, o profeta Oseias narra esse amor incondicional de Deus para com um povo que facilmente volta-lhe as costas:

> Israel era ainda criança, e já eu o amava, e do Egito chamei meu filho. Mas, quanto mais os chamei, mais se afastaram; ofereceram sacrifícios aos Baal e queimaram ofertas aos ídolos. Eu, entretanto, ensinava o Povo a andar, tomava-o em meus braços, mas não compreenderam que eu cuidava deles. Segurava-os com laços humanos, com laços de amor; fui para eles como o que tira da boca uma rédea e lhes dei alimento. Ele voltará para o Egito e o assírio será seu rei, porque não quiseram voltar-se para mim. A espada devastará suas cidades, destruirá seus filhos, que colherão assim o fruto de suas obras. Meu povo é inclinado a separar-se de mim, convidam-no a subir para o Altíssi-

mo, mas ninguém procura elevar-se. Como poderia eu abandonar-te, ó Israel? Como poderia eu tratar-te como Adama, ou tornar-te como Seboim? Meu coração se revolve dentro de mim, eu me comovo de dó e compaixão. Não darei curso ao ardor de minha cólera, já não destruirei Israel, porque sou Deus e não um homem, sou o Santo no meio de ti, e não gosto de destruir (Os 11,1-9).

4

JESUS, O MESSIAS

Aos poucos, Deus preparou o povo hebreu para a chegada de seu Servo escolhido, que, na plenitude dos tempos, desceria à terra para restaurar as tribos de Israel e também do mundo. Depois de quase dois mil anos de pedagogia divina, em que preparou com muito carinho e infinita paciência o povo hebreu, Deus enviou seu próprio Filho para reerguer a humanidade decaída pelo pecado e redimir todos os homens. "Com efeito, de tal modo Deus amou o mundo, que lhe deu seu Filho único, para que todo o que nele crer não pereça, mas tenha a vida eterna" (Jo 3,16).

Verdadeiramente, "Toda a vida de Cristo é mistério de Redenção" (CIC 517). Tudo o que Jesus fez, disse e sofreu tinha por meta nos restabelecer, revelar-nos o verdadeiro Deus, por meio de sua palavra e de sua vida, e restaurar o homem caído em sua vocação primeira. Quando Ele se encarnou e se fez homem, recapitulou em si mesmo a longa história dos homens e, em resumo, proporcionou-nos a salvação. De sorte, aquilo que havíamos perdido em Adão, isto é, sermos a imagem e a semelhança de Deus, recuperamo-lo em maneira infinitamente maior em Cristo Jesus. Por isso a Igreja proclama agradecida: "O felix culpa", que nos permitiu um tão grande Salvador. São Gregório de Nissa afirma:

> Doente, nossa natureza precisava ser curada; decaída, ser reerguida; morta, ser ressuscitada. Havíamos perdido a posse do bem, era preciso no-la restituir. Enclausurados nas trevas, era preciso trazer-nos à luz; cativos, esperávamos um salvador; prisioneiros, um socorro; escravos, um libertador. Essas razões eram sem importância? Não eram tais que comoveriam a Deus a ponto de fazê-lo descer até nossa natureza humana para visitá-la, uma vez que a humanidade se encontrava em um estado tão miserável e tão infeliz (CIC 457).

Em total conformidade com a vontade de seu Pai, Jesus aceitou a missão que lhe foi confiada: devolver ao gênero humano a glória, da qual o pecado o privara, e abrir as portas do Céu para todos os filhos de Adão. Aguardado com incontido desejo pelo povo eleito, esse Servo obediente se humilhou e sofreu dores indizíveis para cumprir sua missão. Quando chegou, o povo estava sofrendo um pesado jugo imposto pela ocupação romana. Mal dirigido pelas autoridades religiosas e civis, ele não estava sendo fiel à Aliança. Muita injustiça, idolatria, observância rigorosa, demasiadamente externa, dos ritos litúrgicos, mas, no interior dos corações, desrespeito ao espírito da Aliança, falta de compaixão e desprezo dos pobres e ignorantes. Deus enviou o **profeta João Batista** que, com autoridade, pregou a conversão do coração, chamou os pecadores à penitência e exortou o povo a se preparar para a chegada, já próxima, do Enviado de Deus, apontado pelos profetas. Incentivou o povo a romper definitivamente com toda espécie de pecado e acolher com humildade e submissão o Servo escolhido de Deus, que estava para chegar.

Anunciação

O Arcanjo Gabriel foi enviado por Deus a uma jovem, cujo nome era **Maria**, prometida em casamento a José. Ele pediu a ela que aceitasse ser a Mãe do Filho de Deus: Jesus Cristo. Ele viria para salvar seu povo, e seu Reino nunca teria fim. Após perguntar ao anjo como tudo isso se realizaria, compreender que era a vontade de Deus e que o que aconteceria nela seria obra do Espírito Santo, aceitou: "Eis aqui a serva do Senhor. Faça-se em mim segundo a tua palavra" (Lc 1,38). Com o consentimento de Maria, em seu ventre, o próprio Filho de Deus formou-se homem como todas as crianças. Maria, noiva de José, casou-se e, na pequena Nazaré, iniciou a convivência da Sagrada Família.

Por trinta anos Jesus viveu como qualquer outro jovem do pequeno povoado, junto com sua mãe Maria e seu pai adotivo, José, com quem exerceu a profissão de carpinteiro. Viveu como todos, participando também da vida litúrgica e, como todas as famílias hebreias, santificando o sábado. Todo ano celebravam a festa da Páscoa em casa, mais solenemente, na sinagoga, e, às vezes, no Templo em Jerusalém. Quando Jesus completou 30 anos, começou a se revelar, com inúmeros milagres, demonstrando publicamente que Ele não era simplesmente um bom hebreu ou um profeta, mas o **próprio Filho de Deus**.

Além de pregar para todo o povo, chamou doze apóstolos, que viveram com Ele. Ensinou-lhes mais detalhadamente tudo o que Pai lhe revelou. Explicou-lhes que, mais tarde, quando descesse sobre eles o Espírito Santo, deveriam anunciar o Evangelho, a Boa Nova, para todas as pessoas do mundo, sem distinção de raça, alargando a compreensão da palavra ao semelhante: as bem-aventuranças, a misericórdia, o perdão, o amor a Deus e ao próximo (ver a Parábola do Bom Samaritano, Lc 10,25-37). Sobretudo, proclamar que Deus existe e que nos ama; quer nos perdoar e nos doar o Espírito Santo para que sejamos seus FILHOS. Comunicou que, por nosso amor, deveria morrer por nossos pecados, mas ressuscitar.

O Catecismo da Igreja ensina que "*A justificação é a obra mais excelente do amor de Deus* manifestado em Cristo Jesus e concedido pelo Espírito Santo. Santo Agostinho declara que 'a justificação nas pobres criaturas é uma obra maior do que a criação dos céus e da terra', pois 'os céus e a terra passarão, ao passo que a salvação e a justificação dos eleitos permanecerão para sempre'" (CIC 1994).

Jesus, porque nos ama e quer nos ajudar, veio nos propor participar de seu Reino. O pecado entrou no mundo pela desobediência, pelo orgulho. Jesus veio para nos apontar o caminho certo, a obediência ao Pai com amor, como nos ensinou no Pai-Nosso: "Seja feita tua santa vontade".

Ele nos deu o exemplo durante toda a sua vida, sendo obediente até a morte e morte de cruz. Fez tudo isso por amor ao Pai, que lhe deu a missão de morrer por nossos pecados. Ao terceiro dia ressuscitou, está vivo e nos ama. Também Maria, a nova Eva, mãe da nova humanidade, quer nos ensinar o caminho da perfeita obediência a Deus, colaborando para que venha seu Reino.

Assim como os santos, que sempre procuraram fazer com amor a vontade de Deus, não há outro caminho para melhorar este mundo que não seja obedecer a Deus e a seu filho Jesus. Somente assim o Reino de Deus vai acontecer. Todos fazendo com amor sua vontade e cada um colaborando com Jesus, carregando sua cruz a cada dia, receberemos uma recompensa eterna que Deus reserva àqueles que o amam e o servem. Diante das tribulações e provações da vida, Ele sabe dosar com infinita sabedoria quanto cada um pode suportar, ajudando-os quando a cruz for pesada demais.

5

IDE, EVANGELIZAI... ESTAREI COM VOCÊS

Depois que morreu e ressuscitou, antes de subir ao Céus, Jesus reuniu seus discípulos e ordenou: "Ide, pois, e ensinai a todas as nações; batizai-as em nome do Pai, do Filho e do Espírito Santo. Ensinai-as a observar tudo o que vos prescrevi" (Mt 28,19-20).

Sempre nos perguntamos como poderia dar um mandato tão importante e tão imenso a um grupo de pessoas tão limitado em número e culturalmente? Mas Ele proferiu uma Palavra, uma Promessa de força e de confiança: "Eis que estarei convosco todos os dias, até o fim do mundo" (Mt 28,20).

Onde Jesus está presente hoje?

a) Presente na palavra de Deus

"No princípio era a Palavra, e a Palavra estava junto de Deus e a Palavra era Deus. Ela existia no princípio junto de Deus. Tudo foi feito por meio dela e sem ela nada foi feito de tudo o que existe. ... E a Palavra se fez carne e veio morar entre nós. Nós vimos sua glória, glória que recebe de seu Pai como único filho, cheio de graça e de verdade. ... Ninguém jamais viu Deus; o Filho único, que é Deus e está na intimidade do Pai, foi quem a deu a conhecer" (Jo 1,1-3.14.18).

A religião católica não é a religião do livro. É a religião da Palavra, e a Palavra é uma Pessoa, Jesus. Não é um livro que fala de Deus; é o próprio Deus falando pessoalmente para cada um de nós. A Sagrada Escritura é a Palavra viva que sai da boca do Deus vivo e verdadeiro – Aquele que não é homem para mentir: "Deus não é homem para mentir, nem alguém para se arrepender. Alguma vez prometeu sem cumprir? Por acaso falou e não executou?" (Nm 23,19).

A Igreja afirma que "A Palavra de Deus e seu Sopro estão na origem do ser e da vida de toda criatura" (CIC 703). É na Bíblia, no Antigo e no Novo Testamento, que Deus nos fala e, pacientemente, chama-nos a aceitar seu maravilhoso plano de amor e de salvação em Cristo Jesus. Ler com fé a palavra de Deus é comungar com a vida do próprio Deus. Quando, desejosos de cumprir a vontade de Deus, meditamos sua Palavra, é Ele mesmo quem nos fala. Todos nós que temos a Bíblia podemos experimentar a Presença d'Ele nas Sagradas Escrituras.

Quando estamos rodeados por uma escuridão completa, a primeira coisa a fazer não é sair caminhando a esmo, porque correríamos o risco de cair em um buraco ou em um precipício, mas sim encontrar uma luz que ilumine nosso caminho. Com total certeza, o salmista declara: "Vossa palavra é um facho que ilumina meus passos, uma luz em meu caminho" (Sl 118,105).

Jesus nos convida a trilhar o caminho da verdadeira felicidade: "Se alguém me ama, guardará minha palavra e meu Pai o amará, e nós viremos a ele e nele faremos nossa morada" (Jo 14,23).

É importante ler a Palavra, pessoalmente ou em família. Quanto mais se lê, tanto mais se conhece o Plano da salvação, sobretudo o próprio Jesus, revelador de Deus, que nos ama. Aconselho, se for possível, participar de algum curso bíblico ou ler algum livro de introdução à leitura da Bíblia que lhe indique como ler e por onde começar. Na dúvida, procure o sacerdote, ou uma religiosa, ou um bom leigo experto que o possa ajudar. Também é preciso ter sempre a humildade de aceitar a interpretação da Palavra como a Igreja ensina, unindo o Magistério e a Tradição, para não cair no erro de muitos que interpretam a Bíblia do jeito que querem. Isso seria perigoso, porque se pode induzir e cair em interpretações não corretas.

b) Presente na Igreja

A Igreja é o Corpo Místico de Jesus. "Desde o início, Jesus associou seus discípulos a sua vida e revelou-lhes o mistério do Reino, deu-lhes participar de sua missão, de sua alegria e de seus sofrimentos. Jesus falou de uma comunhão ainda mais íntima entre Ele e os que o seguiriam: 'Permanecei em Mim, e Eu permanecerei em vós... Eu sou a videira e vós, os ramos'" (CIC 787).

Devemos amar a Igreja. "Quem vos ouve a mim ouve; e quem vos rejeita a mim rejeita; e quem me rejeita, rejeita aquele que me enviou" (Lc 10,16). Jesus prometeu uma assistência especial a sua Igreja: "E eu te declaro: tu és Pedro e sobre esta pedra edificarei minha Igreja; as portas do inferno não prevalecerão contra ela. Eu te darei as chaves do Reino dos Céus: tudo o que ligares na terra será ligado nos céus, e tudo o que desligares na terra será desligado nos céus" (Mt 16,18-19).

Jesus continua a agir por meio de sua Igreja, pela evangelização, pelos sacramentos e pelo testemunho dos cristãos. Quando o Magistério da Igreja nos ensina oficialmente a doutrina de nossa salvação, é Jesus que no-la ensina. Por isso, a importância de sermos fiéis a seus ensinamentos, sobretudo na interpretação da Bíblia.

Devemos ter amor ao Papa, aos bispos e aos sacerdotes. Na Paróquia à qual pertencemos, devemos seguir com docilidade as orientações de nossos pastores. Em certos casos, os representantes de Jesus deixam a desejar. Percebemos neles fraquezas e pecados. Devemos não julgar, mas rezar e não espalhar as eventuais fraquezas. Nesses casos, lembramos o que Jesus disse: "Observai e fazei tudo o que eles dizem, mas não façais como eles, pois dizem e não fazem" (Mt 23,3). Infelizmente isso acontece, mas não podemos deixar de amar e ajudar com orações e, se preciso, com jejum e penitência. Na maioria das vezes, devemos agradecer a essas pessoas escolhidas por Jesus, que dão a vida para ajudar o povo a seguir e a praticar o que Jesus nos ensinou. Sobretudo, devemos rezar muito por eles e pelas vocações. "Disse, então, a seus discípulos: 'A messe é grande, mas os operários são poucos'. Pedi, pois, ao Senhor da messe que envie operários para sua messe" (Mt 9,37-38). Nesses últimos tempos, percebe-se uma certa divisão dentro da Igreja, que se reflete em vários momentos, como na Liturgia, na visão política, na vida social. Devemos evitar os fundamentalistas, tanto de esquerda quanto de direita, que são intransigentes em suas posições e julgam os que não pensam como eles com severidade e até com certa falta de amor que beira o ódio.

Devemos lembrar que a Igreja é o Corpo Místico de Jesus, e Ele nos deu uma única Lei: a lei do amor recíproco (Jo 13,34-35). Se não nos amamos, independentemente de sermos de esquerda ou de direita, não somos discípulos de Jesus. Em qualquer época e em qualquer povo, é aceito por Deus todo aquele que o teme e pratica a justiça. Aprouve a Deus santificar e salvar os homens não singularmente, sem nenhuma conexão uns com os outros, mas sim costituí-los em um povo, que o conhecesse na verdade e santamente o seguisse. Escolheu, por isso, Israel como seu povo. Estabeleceu com ele uma Aliança e o instruiu passo a passo. Tudo isso, porém, aconteceu em preparação para a nova e perfeita Aliança, estabelecida em Cristo, isto é, no Novo Testamento, selado em seu sangue; chamou judeus e gentios (não cristãos), um povo que cresse na unidade, não segundo a carne, mas segundo o Espírito.

As características do povo de Deus o distinguem de todos os agrupamentos religiosos, étnicos, políticos e culturais da história. Podem pertencer a esse povo todos os que o desejam. A pessoa se torna membro pela fé em Cristo Jesus, renascendo pela água e pelo Espírito Santo no Batismo. Esse povo tem um chefe, a cabeça, que é Jesus Cristo, o Filho de Deus, que se encarnou pelo poder do Espírito Santo na Virgem Maria. Tem uma lei – que é possível vivenciar pelo Espírito Santo, recebido no Batismo e confirmado no Sacramento da Crisma –, que é o mandamento novo de amar uns aos outros como Jesus. “Na Igreja, Corpo de Cristo, destacam-se mais especificamente três aspectos: a unidade de todos os membros entre si, por sua união com Cristo; Cristo, Cabeça do corpo; a Igreja, Esposa de Cristo” (CIC 789).

c) Presente em nós, iniciando pelo Batismo

Cada um de nós fomos “pensados” por Deus com infinito amor desde a eternidade. Um dia, com um ato criador,

Ele "nos quis". No momento em que o óvulo de nossa mãe foi fecundado pelo sêmen de nosso pai, Deus nos deu uma alma imortal e, assim, fomos criados a sua imagem e sua semelhança. Durante nove meses, Deus nos "construiu" com infinito amor no ventre de nossa mãe. E essa alma imortal Deus doa sempre a **todas as pessoas do mundo** quando acontece a fecundação, independentemente das circustâncias em que aconteceu a geração dessa vida. Por isso, a partir do momento da fecundação, quando a pessoa humana é concebida, qualquer um que queira destruir essa primeira ou demais células fecundadas, que formam o embrião humano, comete um homicídio, o pecado do aborto. É esse o pecado que mais aflige Deus, sobretudo quando as crianças são oferecidas em sacrifício, em missas satânicas, ao próprio diabo. Infelizmente, embora pareça absurdo, existem aqueles que programam uma gravidez com essa finalidade; sei disso porque, em minha vida sacerdotal, eu o pude constatar, por meio do relato (não na confissão, porque, se fosse, não poderia publicar) de uma jovem que me explicou como tudo acontece.

No Batismo, graças aos méritos de Jesus, por sua Paixão, sua Morte e sua Ressurreição, pelo ministério da Igreja, em que age o próprio Jesus, recebemos o Espírito Santo, que nos torna não somente criaturas amadas de Deus, mas **filhos de Deus** e irmãos de Jesus. Por isso, podemos chamar Deus de Pai, Jesus de Irmão; a Santíssima Trindade Santa começa a "**habitar**" em nós. Também nos tornamos filhos de Maria, membros do Corpo Místico de Jesus. Maria gerou a cabeça, Jesus, e os membros de seu Corpo, a Igreja, somos nós.

Após o Batismo, o celebrante nos unge com o Óleo do Crisma e diz: "(O nome...), como Cristo, sacerdote, profeta e Rei, fazes parte de seu povo, que Ele te consagre com o óleo santo, em nome do Pai, do Filho e do Espírito Santo". Depois, coloca uma veste branca sobre o batizado e profere estas palavras: "(O nome...), nascestes de novo e te revestistes de Cristo. Trazes esta veste branca, **símbolo da vida divina**; que teus pais e padrinhos te ajudem com palavras e exemplos a conservar a dignidade de filho(a) de Deus até a vida eterna".

Com o Batismo inicia-se uma nova criação, uma nova humanidade, sendo Jesus o novo Adão, e Maria, a nova Eva. Para podermos permanecer sempre na comunhão com Deus, ou em Graça, precisamos de muita valentia, orações, vida sacramental, vigilância contínua, porque o espírito é forte, mas a carne é fraca. Não é fácil viver em um mundo em parte ainda pagão, viver seguindo os princípios que Jesus nos propõe, ou seja, em uma nova maneira de vida.

Infelizmente, podemos perder a Graça quando cometemos pecado mortal, isto é, quando desrespeitamos, livre e conscientemente, de maneira grave, o amor a Deus e ao próximo (um dos Dez Mandamentos). Todo o pecado é uma desobediência a Deus, uma falta de amor a Ele e também ao próximo. Com o arrependimento e a confissão sacramental, podemos nos reconciliar com Deus e com a comunidade. Quando cometemos pecados mais leves, é suficiente o arrependimento, sobretudo no ato penitencial de uma ação litúrgica, como, por exemplo, uma Missa ou Celebração.

Do contrário, se perseveramos no pecado, se recusamos a graça de Deus, corremos o risco de ficarmos cada dia mais encardidos, acorrentados, viciados no mal, tornando cada vez mais difícil o arrependimento, e de ficarmos sempre separados do Senhor. Quando morremos, antes de nos apresentarmos diante de Deus, nosso Criador e Pai, Jesus se apresenta com seu coração cheio de amor e misericórdia, oferecendo-nos a possibilidade de pedir perdão, de confiar na divina misericórdia. Se, naquele momento, a pessoa, seja qual for sua vida e seus pecados, arrepende-se, está perdoada. Claro que passará um tempo de purificação no purgatório, o tempo que Deus achar necessário; mas, depois, gozará da vida eterna com Deus. Porém, se, naquele último momento, recusa a misericórdia de Jesus, desprezando seu perdão, não há mais salvação, porque ele a rejeitou.

Quando Nossa Senhora mostrou o inferno a uma vidente, esta implorou: "Mãe, por que não os tira dali?" Ela respondeu: "Não posso, porque eles não quiseram". Nós decidimos onde queremos passar a eternidade. Alguém poderia dizer: "Será possível que exista alguém que possa rejeitar a misericórdia divina e escolher o inferno?" Infelizmente tem sim, e mais do que imaginamos. Porque, quando uma pessoa fica encardida no pecado e continua nessa vida, fica difícil, na última hora, fazer um ato de humildade. O orgulho é o que mais pode nos fazer perder o Paraíso. A humildade comove o Coração de Jesus, que não nega o perdão a ninguém. "Cada homem recebe em sua alma imortal a retribuição eterna a partir do momento da morte, em um Juízo Particular que coloca sua vida em relação à vida de Cristo, seja por meio de uma purificação, seja para entrar de imediato na felicidade do céu, seja para condenar-se de imediato para sempre" (CIC 1022). "Arrependei-vos (convertei-vos), porque está próximo o Reino dos Céus" (Mt 4,17). Sob a moção da graça, o homem se volta para Deus e se aparta do pecado, acolhendo, assim, o perdão e a justiça do alto. "A justificação comporta a remissão dos pecados, a santificação e a renovação do homem interior" (CIC 1989).

d) Presente em cada pessoa (Mt 25)

O próprio Senhor confirma esta verdade em Mateus 25,31-46. Vale a pena, aqui, ler o impressionante relato de Jesus a respeito do julgamento final. É o relato do julgamento de cada um de nós:

> Quando o Filho do Homem voltar em sua glória e todos os anjos com ele, sentar-se-á em seu trono glorioso. Todas as nações se reunirão diante dele, e ele separará uns dos outros, como o pastor separa as ovelhas dos cabritos. Colocará as ovelhas a sua direita e os cabritos, a sua esquerda. Então, o Rei dirá aos que estão à direita: "Vinde, benditos de meu Pai, tomai posse do Reino que vos está preparado desde a criação do mundo, porque tive fome e **me** destes de comer; tive sede e **me** destes de beber; era peregrino e **me** acolhestes; nu e **me** vestistes; enfermo e me visitastes; estava na prisão e viestes **a mim"**. Perguntar-lhe-ão os justos: "Senhor, quando foi que te vimos com fome e te demos de comer, com sede e te demos de beber? Quando foi que te vimos peregrino e te acolhemos, nu e te vestimos? Quando foi que te vimos enfermo ou na prisão e te fomos visitar?" Responderá o Rei: "Em verdade eu vos declaro: todas as vezes que fizestes isto a um destes meus irmãos mais pequeninos, **foi a mim mesmo que o fizestes**". Voltar-se-á em seguida para os de sua esquerda e lhes dirá: "Retirai-vos de mim, malditos! Ide para o fogo eterno destinado ao demônio e a seus anjos. Porque tive fome e **não me** destes de comer; tive sede e **não me** destes de beber; era peregrino e **não me** acolhestes; nu e **não me** vestistes; enfermo e na prisão e **não me** visitastes". Também estes lhe perguntarão: "Senhor, quando foi que te vimos

> com fome, com sede, peregrino, nu, enfermo, ou na prisão e não te socorremos?" E ele responderá: "Em verdade eu vos declaro: todas as vezes que deixastes de fazer isso a um destes pequeninos, **foi a mim que o deixastes de fazer**". "E estes irão para o castigo eterno, e os justos, para a vida eterna".

É na observância ou não dessa verdade eterna que se decidirá nossa salvação ou nossa condenação. Se olharmos a vida dos santos, perceberemos que eles entenderam muito bem essa palavra. Na prática, deram a vida para "ver", "amar", "ajudar" e "servir" Jesus em cada pessoa. Veja o exemplo de Madre Teresa de Calcutá e de muitos outros. O amor ou o desprezo ao próximo é a "chave" segura para entrar ou ficar fora do Reino de Deus. É também muito reveladora a Parábola do Bom Samaritano (cf. Lc 10,25-37).

No momento em que escrevo, lembro-me de que, no dia seguinte, com demais sacerdotes, irei participar do ingresso, na Toca de Assis, de uma jovem de 25 anos, de nossa Paróquia, formada e com boa família. Após um tempo de reflexão e estágio, receberá o hábito franciscano para iniciar a prática, indo socorrer os mais miseráveis da sociedade, os que mais são rejeitados: moradores de rua, andarilhos, maltrapilhos, viciados. O mundo pode considerar loucos os que deixam tudo para socorrer essas pessoas... e, na verdade, o são sim: "loucos de amor a Jesus", presente também nessas pessoas.

Quanto amor e respeito devemos ter por qualquer pessoa, pois tudo o que fizermos aos outros a Ele faremos; portanto precisamos prestar atenção, sobretudo, nos relacionamentos familiares. Quanta falta de amor, de delicadezas, quantos julgamentos há em família, ou no trabalho, ou na escola etc. Os Santos tinham esta verdade evangélica sempre presente, 24 horas por dia, e não apenas de vez em quando: ver, amar Jesus e servi-lo. Por isso, é de suma importância que, nesta breve vida, possamos aproveitar para fazer o máximo de bem ao próximo, para que se torne um costume, um hábito. Essa é a garantia da felicidade já aqui neste mundo, porque fazer o bem nos torna mais felizes. Sobretudo, é a certeza de que herdaremos a felicidade sem-fim, na vida eterna (cf. Lc 12,19-21).

e) Presente na eucaristia

Na Santa Missa, após a Consagração, aquele pão e aquele vinho, pelo poder da Palavra de Jesus, não são mais somente pão e vinho, mas o Corpo e o Sangue de Jesus. Também o são as hóstias consagradas, repostas no Sacrário para levar a comunhão aos enfermos ou para a adoração.

Aquela pequena luz que vemos nas Igrejas Católicas, ao lado do Sacrário, está ali para nos lembrar: "Eu estou aqui para te atender, escutar-te, amar-te e receber teu amor e tua adoração". Jesus sempre está a nossa disposição. Quantas graças podemos alcançar ficando um pouco de tempo diante de Jesus no Sacrário! Em Lucas, capítulo 22, Jesus encontra-se no Cenáculo, com os apóstolos. Em um clima de muita intimidade, Ele diz: "Tenho desejado ardentemente comer convosco esta Páscoa, antes de sofrer. Pois vos digo: não tornarei a comê-la, até que ela se cumpra no Reino de Deus" (Lc 22,15-16). Desejado ardentemente, como Jesus desejou se doar a nós na Eucaristia, no máximo dos dons! Jesus veio para nos amar até o fim e se deixar a nós na eucaristia. Esse dom Deus havia prenunciado com o maná no deserto, alimentando o povo na longa caminhada rumo à Terra Prometida. Após a multiplicação dos pães, Jesus proclama abertamente aquilo que irá realizar mais tarde, na última ceia pascoal. Eis o texto:

> "Em verdade, em verdade vos digo: Moisés não vos deu o pão do céu, mas meu Pai é quem vos dá o verdadeiro pão do céu; porque o pão de Deus é o pão que desce do céu e dá vida ao mundo". Disseram-lhe: "Senhor, dá-nos sempre deste pão!" Jesus replicou: "Eu sou o pão da vida: aquele que vem a mim não terá fome, e aquele que crê em mim jamais terá sede"... "**Eu sou o pão da vida**. Vossos pais, no deserto, comeram o maná e morreram. Este é o pão que desceu do céu, para que não morra todo aquele que dele comer. Eu sou o pão vivo que desceu do céu. Quem comer deste pão viverá eternamente. E o pão, que eu hei de dar, é minha carne para a salvação do mundo" (Jo 6,32-35.48-51).

Nesta Santa Ceia, Jesus realiza uma Nova e Eterna Aliança, não selada no sangue de um cordeiro – como acontecera na saída do Egito e, também, quando fora selada a Aliança no Monte Sinai, e em todas as festas pascais do povo hebreu até agora –, mas "**com seu próprio sangue**". Eis o relato: "Durante a refeição, Jesus tomou o pão, benzeu-o, partiu-o e o deu aos discípulos, dizendo: 'Tomai e comei, isto é meu corpo'. Tomou depois o cálice, rendeu graças e deu-lho, dizendo: 'Bebei dele todos, porque isto é meu sangue, o sangue da Nova Aliança, derramado por muitos homens em remissão dos pecados'" (Mt 26,26-28).

Este é o grande **DOM DE DEUS**.

E nós? O que nos pede Jesus para podermos participar desse grande Dom?

A Aliança comporta duas partes: Jesus e nós. Jesus morre por nosso amor, para expiar nossos pecados. Doa a si mesmo a nós como Dom máximo de Deus. O que deseja de nós?

Na antiga Aliança, Deus quis a observância dos Dez Mandamentos e, sendo eles observados, prometeu ao Povo toda a proteção. Afirma a Palavra de Deus:

> Se obedeceres fielmente à voz do Senhor, teu Deus, praticando cuidadosamente todos os seus mandamentos que hoje te prescrevo, o Senhor, teu Deus, elevar-te-á acima de todas as nações da terra. Estas são as bênçãos que virão sobre ti e te tocarão, se obedeceres à voz do Senhor, teu Deus. Serás bendito na cidade e bendito nos campos. Será bendito o fruto de tuas entranhas, o fruto de teu solo, o fruto de teu gado, as crias de tuas vacas e de tuas ovelhas; benditas serão a tua cesta e a tua amassadeira. Serás bendito quando entrares e bendito quando saíres. O Senhor expulsará diante de ti todos os inimigos que te atacarem. Se vierem por um caminho contra ti, fugirão por sete caminhos diante de ti. O Senhor mandará que a bênção esteja contigo, em teus celeiros e em todas as tuas obras, e te abençoará na terra que te há de dar o Senhor, teu Deus (Dt 28,1-8).

Jesus nos pede somente uma coisa: "dou-vos um novo mandamento: amai-vos uns aos outros. Como eu vos tenho amado, assim também vós deveis amar-vos uns aos outros" (Jo 13,34). Se nos amamos, Ele se doa a nós no sacramento da Eucaristia. O Filho de Deus nos deu um exemplo concreto, a fim de nos ensinar como devemos nos amar. Tomou uma bacia, uma toalha, ajoelhou-se diante de cada um e lavou os pés dos apóstolos. Esse gesto, naquela região e cultura, era de acolhida, que se fazia aos hóspedes quando chegavam de uma viagem. O pai dava ordem a um servo, ou a um filho, de lavar os pés do recém-chegado, aliviando o suor e o cansaço da viagem.

Em nossos dias, em nossa cultura – como sinal de acolhida e para tirar o cansaço do hóspede –, oferece-se uma toalha, um sabonete e se convida o recém-chegado a tomar banho antes de iniciar as conversas. Na Santa Ceia, é o próprio Jesus que lava os pés dos apóstolos. Ele faz a parte do servo; não devemos esquecer quem é Ele: a segunda pessoa da Santíssima Trindade. Ele é Deus! E cumpre esse gesto com amor!

Vamos ao relato de João, o Evangelista: "Depois de lhes lavar os pés e tomar suas vestes, sentou-se novamente à mesa e perguntou-lhes: 'Sabeis o que vos fiz? Vós me chamais Mestre e Senhor, e dizeis bem, porque eu o sou. Logo, se eu, vosso Senhor e Mestre, lavei-vos os pés, também vós deveis lavar-vos os pés uns aos outros. Dei-vos o exemplo para que, como eu vos fiz, assim façais também vós'" (Jo 13,12-15). Agora podemos entender melhor o que significa estar reunidos em "Meu Nome": estar reunido em *seu Mandamento* "amai-vos uns aos outros", isto é, *no amor recíproco*.

Depois de ter instituido a Eucaristia, Jesus disse: "Fazei isso em memória (memorial) de mim". É o que o sacerdote legitimamente ordenado realiza em cada missa: um Memorial, no sentido de que não é uma simples recordação do que fez Jesus, como certos cristãos afirmam, mas sim, como sempre a Igreja acreditou, uma atualização, em cada missa, do que Jesus fez na Santa Ceia, para que todos os cristãos pudessem participar do mesmo dom que os Apóstolos. Por isso, a missa é um encontro de amor com Jesus, que nos fala e nos faz participar do mistério da Santa Ceia e de sua Paixão, sua Morte e sua Ressurreição. Na Eucaristia, Ele se doa a nós para nos purificar, fortalecer, santificar, divinizar cada dia mais, para nos ajudar a viver o Evangelho em nosso dia a dia. Faltar à missa não é somente faltar à observância de um claro preceito de nossa fé, mas também é uma grave falta de amor a quem tanto nos ama.

f) Presente no meio de nós (Mt 18)

"Eu vos digo mais isto: se dois de vós, na terra, concordarem em pedir alguma coisa, isso lhe será concedido por meu Pai, que está nos Céus. Pois onde dois ou três estiverem reunidos em meu nome, ali eu estarei no meio deles" (Mt 18,18-19).

Que diferença entre Jesus EM NÓS e Jesus NO MEIO DE NÓS. Jesus em nós, quando estamos em Graça, é a maravilhosa presença da Santíssima Trindade. Somos como Tabernáculos; Deus está em nós. Jesus no meio de nós é uma Presença coletiva que reina entre os que vivem sua Palavra.

Jesus não disse onde dois ou mais santos, ou perfeitos, como condição para Ele estar presente, mas que estivessem reunidos **em nome dele**. Agora, perguntamo-nos: o que significa estar reunidos em nome dele? Significa estar reunidos = unidos no mandamento que ele proclamou na Santa Ceia: "Este é o meu mandamento, amai-vos uns aos outros como eu vos amo". Isso significa estarmos dispostos a amar, até lavar os pés e, mais ainda, a dar a vida uns pelos outros se for preciso. Porque Jesus nos amou até dar sua vida. Prometer isso pode ser até fácil, mas sabemos concretamente, por experiências, que não é. Por isso, neste livro, será proposto como experimentar melhor essa maravilhosa Presença. Essa é a orientação oferecida por Jesus a todos os que desejam, sobretudo às famílias.

Esse é o motivo principal deste livro. Proposta que, pela graça de Deus, pude fazer a muitas famílias (mais ou menos 3.000) ao longo de minha vida sacerdotal, exercitada no Brasil, tanto nas zonas rurais como em cidades como Londrina e São Paulo. Fiquei também seis anos em Curitiba, mas, naquela época, ainda não tinha conhecido a fundo essa Palavra de Jesus. Ele não somente deseja ficar nas Igrejas, na Eucaristia, mas também anseia viver em nós e no meio de nós, Ele é o Emanuel, o Deus conosco. Essa mesma proposta deseja fazer a nós todos, hoje, sobretudo, nesta situação histórica em que estamos vivendo. A palavra de Jesus sempre foi conhecida e vivenciada. Mas, ultimamente, parece que Deus quer que seja mais ainda conhecida e concretamente experimentada, pois pode muito ajudar as pessoas a superarem a angústia, a solidão, a depressão e a viver, já aqui na terra, seu Reino de amor, de justiça e de paz. O Reino que é Ele mesmo no meio de nós.

Nós não o vemos com os olhos da carne, mas o sentimos presente, porque nos amamos e podemos, assim, experimentar a felicidade que sua presença nos proporciona. Quando, por nossa culpa, dividimo-nos, perdemos essa Presença, sentimos um vazio muito grande, uma tristeza na alma, experimentamos que Ele não está mais aqui. Essa PRESENÇA só acontece quando nos amamos, não só por uma ética humana, mas especificamente porque esse é o mandamento que Jesus nos deu como condição indispensável. Por meio do amor, favorecemos um novo relacionamento com base no diálogo, na escuta e em um conhecimento mais sincero e profundo. Muitas vezes iniciamos encontros rezando "Estamos reunidos em nome do Pai...", mas será que estamos conscientes e decididos a vivenciar o que isso significa? E terminamos: "Ficamos reunidos em nome do Pai..." Será que voltamos para nossa casa felizes por termos experimentado a beleza da presença de Jesus na reunião que realizamos? Será que ela foi feita em um clima de verdadeiro amor recíproco? Se sim, glória a Deus, se não, o que fazer? Essa deveria ser a premissa para iniciar qualquer encontro eclesial. Ser discípulo de Jesus parece fácil, mas não é. É maravilhoso, mas devemos ver se, de fato, somos discípulos de Jesus.

Antes de iniciar sua reunião, seria bom lembrar uma necessária premissa: "Irmãos e irmãs, estamos dispostos, para que Jesus esteja em nosso meio, a estar bem unidos no amor recíproco?" Após essa pergunta, deixar um momento de silêncio para que cada um se coloque no amor; se preciso, rezar um Pai-Nosso de mãos dadas ou, quem sabe, dependendo da situação, sugerir um abraço entre todos. A reunião, se todos estiverem movidos de boa vontade, será bem sucedida, bem proveitosa.

Quando percebemos que não há correspondência, quando falta o amor recíproco, o que fazer? Mais à frente veremos melhor como nos comportar, como podemos agir. O papel do coordenador será muito importante; se movido de prudência e muita humildade, procurará recompor a unidade. Como diz São João da Cruz, onde não tem amor, coloca amor e verá que nascerá o amor.

Mas é preciso perseverar, não esmorecer. Lembrando sempre o exemplo do Mestre dos mestres:

> Sabeis que os que são considerados chefes das nações dominam sobre elas e os seus intendentes exercem poder sobre elas. Entre vós, porém, não será assim:

> todo o que quiser tornar-se grande entre vós, seja vosso servo; e todo o que entre vós quiser ser o primeiro, seja escravo de todos. Porque o Filho do homem não veio para ser servido, mas para servir e dar sua vida em redenção de muitos (Mc 10,42-45).

Cada um deveria dizer a si mesmo: “Eu devo amar mais e logo, e por primeiro”.

6

A EXPERIÊNCIA DE CHIARA LUBICH E SUAS COMPANHEIRAS

A frase de Jesus sobre estar no meio de nós (Mt 18,19-20) foi redescoberta e veio até com uma nova luz, com um carisma vindo do Espírito Santo, para que, nos dias hoje, fosse mais compreendida e, sobretudo, vivenciada. Passados vários anos desde que começou essa experiência, podemos dizer que a Igreja foi agraciada com um novo carisma. O carisma da UNIDADE que se realiza quando se vive sua Palavra. Permito-me lembrar um pouco como tudo começou.

Junto com um grupo de moças, na região de Trento, na Itália, em 1943, bem no meio da guerra, uma jovem, Chiara Lubich, decidiu dedicar sua vida a Deus, com um voto de consagração no dia 7 de dezembro. O "sim" de Chiara Lubich foi a semente fecundada na fé, no amor, na dor e na obediência, em que se enraizou e cresceu uma árvore frondosa, o Movimento dos Focolares, que se está espalhando cada vez mais no mundo.

Com a orientação de alguns frades Capuchinhos, algumas moças, atraídas pelo exemplo de Chiara, começaram a se reunir periodicamente. Tinham como desejo simplesmente serem cristãs.

Cada uma tinha seu ideal: umas queriam poder terminar a faculdade, outras, casar logo que terminasse a guerra e algumas, ter uma casa etc. Mas a guerra estava destruindo todos esses belos ideais. Recebiam notícias, por exemplo, de que o namorado tinha morrido, de que a casa em construção tinha sido bombardeada, de que não seria mais possível continuar os estudos por causa da situação ou de que o pai perdeu o emprego, e assim por diante. Elas sabiam que poderiam morrer de um momento para outro e procuravam viver sempre prontas para essa eventual realidade. Dentro dos refúgios, elas se perguntavam: "Existe algum ideal que não passa, que as bombas não podem destruir? Em quem podemos ter esperança?" E, em cada trecho do Evangelho lido no meio dos estrondos das bombas, elas fizeram uma descoberta profundamente vivencial: "Sim, existe, e é Deus, amado sobre qualquer coisa".

Sabiam que Deus tinha mandado seu Filho à terra: JESUS. Começaram, então, a ler o Evangelho, nesse refúgio, com uma nova esperança. Diziam entre si: "Vamos aprender o que Jesus nos diz e vamos colocar em prática". Iniciaram com a leitura e a meditação de uma Palavra do Evangelho a cada mês, comunicando e testemunhando as experiências e os frutos dessa vivência. Por exemplo: em um mês se comprometeram a vivenciar a Palavra do Evangelho de Mateus, capítulo 25: "Todas as vezes que fizestes isto a um destes meus irmãos mais pequeninos, foi a mim mesmo que o fizestes" (Mt 25,40). E, assim, procuravam "ver" e amar Jesus em cada pessoa. Logo após a guerra, a Itália estava toda destruída. Havia muitos pobres; e elas se desdobravam da melhor maneira possível para ajudar e amar Jesus em cada um, como os santos, cada um em sua época e situação. Aconteceram frequentes episódios que confirmavam como o Evangelho é verdadeiro se colocado em prática. Houve uma revolução pacífica e benéfica, fazendo-as continuar a crer e a viver as Palavras a cada mês.

Foram as "pequenas grandes" experiências no dia a dia, em meio à guerra, que transformaram a vida daquelas jovens. As palavras do Evangelho eram verdadeiras! Em pouco tempo, mais moças começaram a viver assim. Mais tarde, também moços e famílias.

Terminada a guerra, Chiara sentiu a vocação de continuar a vivenciar, junto com algumas dessas companheiras, o que tinham iniciado nos refúgios. Dessa forma, iniciaram uma vida em comum, vivenciando a cada mês uma frase do Evangelho.

Era tempo pós-guerra, com muita pobreza e muito desemprego. Certa ocasião, um pobre pediu se tivessem um par de sapatos número 43. Elas não o tinham. Entraram na Igreja e pediram com fé e confiança: "Jesus, você, na pessoa deste pobre, está precisando de um par de sapatos; não temos o número 43, mas gostaríamos de atender este nosso irmão". Mais tarde, em casa, alguém bateu à porta, dizendo ter um par de sapatos, que gostaria de doar por não servir. Como sabia que sempre havia pobres pedindo à porta, doou seus sapatos, cujo número era 43.

Alguém poderia pensar que fora um acaso. Elas, contudo, sabiam muito bem que não era uma "coincidência", mas uma prova a mais de que o Evangelho, se vivido com fé, produzia frutos maravilhosos e, ao mesmo tempo, tão simples! E, assim, cada mês, uma Palavra era estudada, meditada e, **sobretudo, vivenciada**. Aos poucos, a experiência dessas jovens chegou aos rapazes, aos homens e às mulheres de todas as camadas sociais. E os frutos eram sempre abundantes. Experimentavam como o Evangelho transformava a vida, e como a vida era iluminada pelo Evangelho... a Boa Nova!

Uma descoberta revolucionária

Em um determinado mês, vivenciaram a Palavra de **Mateus 18,19-20**: "Digo-vos ainda isto: se dois de vós se unirem sobre a terra para pedir, seja o que for, consegui-lo-ão de meu Pai, que está nos céus. Porque onde dois ou três estão reunidos em meu nome, aí estou eu no meio deles". Com a ajuda de um sacerdote, aprofundaram o significado da palavra de Jesus: "Estar reunidos EM MEU NOME" significa estar reunidos no amor recíproco, revelado na Santa Ceia. Motivadas por essa palavra, começaram a vivenciar concretamente o amor recíproco.

A cada novo dia, quando se encontravam, antes de fazerem as orações como de costume, declaravam uns aos outros o amor recíproco, conforme Jesus tanto desejou. Ele revelou ser esse o distintivo de seus verdadeiros discípulos: "Dou-vos um novo mandamento: amai-vos uns aos outros. Como eu vos tenho amado, assim também vós deveis amar-vos uns aos outros. **Nisto todos conhecerão que sois meus discípulos,** se vos amardes uns aos outros" (Jo 13,34-35). Não há outro distintivo, é o único. Mas nem sempre era fácil amar assim.

As fraquezas – que, em maior ou menor grau, todos carregamos, fruto do pecado original – ameaçavam continuamente a vivência do amor recíproco. Deus as ajudou a perceber que esse obstáculo que as impedia de viverem a fraternidade e era causa de tristeza para todas. Perceberam que a presença de Jesus no meio não era mais como antes. A causa eram as desavenças, as incompreensões. Não tinham mais aquela alegria, aquela paz como antes. A vida em comum, como sonharam, não tinha mais sentido, e a elas vinha a vontade de voltar para a vida de antes, de voltar para sua casa.

Mas a providência veio em socorro. Certa vez, um padre perguntou a Chiara e a suas companheiras quando foi o momento em que Jesus sofreu mais. Elas pensavam que fosse no Horto das Oliveiras. Mas o padre disse que, sem dúvida, foi na cruz, quando se sentiu abandonado pelo Pai e gritou: "Meu Deus, meu Deus, por que me abandonaste?" (Mt 27,46). Neste momento, Jesus experimentou a total desunidade, até com o Pai, para que nós pudéssemos viver na unidade.

Compungidas no coração, disseram: "Se foi neste momento que Jesus mais sentiu o sofrimento da desunidade, por nosso amor, nós deveríamos estar unidos a Ele bem neste momento de extrema dor". Como consequência, prometeram que, todas as vezes que cada uma delas sentisse algum sofrimento, físico ou espiritual, alguma incompreensão no relacionamento, fariam logo o propósito de sentir, com o olhos da fé, o próprio Jesus pedindo, até mesmo suplicando: "Abraça esta cruz... oferece esta dor... (qualquer dor) e, unida a minha grande dor do abandono, seja tudo por amor, para que se cumpra o desejo do pai de que todos sejam um".

E assim, abraçando a dor, oferecida com amor, procuravam **recompor a unidade e o amor recíproco**. A "chave" que as ajudava a superar toda a falta de amor era um ato de amor, um gesto de perdão, de reconciliação, para que Jesus estivesse sempre presente. Pois, onde está Jesus, volta o sorriso, volta a felicidade. Precisavam estar sempre prontas a recomeçar, a escolher Jesus crucificado e abandonado.

Nem sempre conseguiam recompor prontamente a unidade do amor recíproco, mas perceberam que esse era o caminho, o ideal. Por Deus amor, amado acima de tudo, deviam procurar sempre fazer sua santa vontade, que é o amor recíproco. Jesus é o filho de Deus que morreu, ressuscitou, está vivo e quer ficar no meio de nós para nos ajudar e tornar nossa vida mais bela. Todos podemos contribuir para que o grande desejo de Jesus se realize: "Que todos seja um" (Jo 17,21).

> Aquelas palavras – "Que todos sejam um" – pareciam iluminadas por uma nova luz e se tornaram o objetivo de nossa vida: levar a unidade aonde quer que haja divisão. Desde os primeiros dias, intuíamos que estava nascendo, na vivência destas Palavras de Jesus, alguma esperança universal, e que era possível realizar, com a ajuda do Espírito Santo, Amor, que alcançaria os confins do mundo e que também iluminaria a cultura, a ciência, a política, a economia (Chiara Lubich).

7

A EXPERIÊNCIA DE MONTE RICO

Em 1964, eu era estudante de Filosofia, no seminário em Tavernerio (Como, Itália), preparando-me para ser sacerdote na Congregação dos Missionários Xaverianos. Nessa época, pude ter contato com um grupo de pessoas que procurava viver o amor recíproco, de uma maneira muito concreta.

São Guido Maria Conforti, em sua Carta Testamento nº 9 (Missionários Xaverianos Região do Brasil Sul, 2020), ensina que, "além da caridade para com Deus, devemos alimentar em nosso coração a caridade para conosco e para com nossos irmãos, mas antes de tudo para com aqueles que formam conosco uma mesma família religiosa e com os quais temos em comum a vida, o ideal, o trabalho, os méritos, a direção, tudo, na espera de ter também em comum, em um dia mais ou menos longínquo, a própria glória celeste. Não podemos ter a mínima dúvida sobre estes deveres essenciais: este mandamento nos é dado por Deus".

Esse ardente desejo de nosso Fundador foi muito bem compreendido por seus filhos missionários, que colocaram essa oração para ser rezada em qualquer parte do mundo, na adoração de todas as quintas-feiras: "Ó Jesus, que quiseste que a caridade recíproca fosse o caráter distintivo de teus seguidores, nós te recomendamos aqueles nossos queridos irmãos e nossas queridas irmãs que derramam suores pela dilatação de teu Reino. Fecunda, com tua Santa Graça, as obras de seu apostolado; defende-os de todo o perigo, socorre-os em suas necessidades, consola-os em suas aflições e torna-os cada vez mais dignos de trabalhar e padecer pela glória de teu nome. A nós, no entanto, pela intercessão de São Francisco Xavier e São Guido Maria Conforti, concede a sorte incomparável de podermos um dia partilhar de suas fadigas, para depois tomar parte de tua glória no céu. Tu, que vive e reina pelos séculos dos séculos, amém!"

Lendo os escritos de São Guido Maria Conforti, fica claro que ele desejava ardentemente que seus missionários se distinguissem pelo amor recíproco, como Jesus quis nos revelar na Santa Ceia: "Amai-vos uns aos outros como eu vos amei, nisto conhecerão que sois meus discípulos" (Jo 13,34-35). O desejo de nosso Fundador de que esse mandamento fosse fundamental para os membros de nossa Congregação foi expresso em vários escritos, como nesta oração: "Ó Jesus, que quiseste que a **caridade recíproca fosse o caráter distintivo de teus seguidores**, nós te recomendamos nossos queridos irmãos que derramam suores pela dilatação de teu Reino. Fecunda, com tua santa graça, as obras de seu apostolado; defende-os de todo perigo, socorre-os em suas necessidades, consola-os em suas necessidades, consola-os em suas aflições e torna-os cada vez mais dignos de trabalhar e padecer pela glória de teu Nome".

Como teoria, não tinha nada de novo; já conhecia essa essencialidade, pois nos era ensinada por vários de nossos formadores. O que me tocou foi a maneira de vivenciá-la no dia a dia. Era o carisma específico do Movimento Focolares de, assim como o nosso, levar o Evangelho para onde ainda Jesus não era conhecido, para fazer com que o mundo se tornasse uma só família. Cada Ordem, cada Congregação tem seu carisma e sua finalidade específicos. O Movimento dos Focolares tem também o seu: a UNIDADE, com a finalidade de realizar o desejo de Jesus – "Que todos sejam um, como eu e ti somos um, assim como tu, Pai, estás em mim e eu em ti, para que também eles estejam em nós e o mundo creia que tu me enviaste" (Jo 17,21). Mesmo estando na Congregação Missionária Xaveriana, para evangelizar a fim de que o mundo pudesse crer, desejei conhecer esse carisma que, a meu ver, poderia ser muito útil. Eu percebi que esse contato com os Focolarinos me ajudava a vivenciar melhor o amor em minha família Xaveriana. Não me afastei de meu carisma, tampouco tentei deixar minha Congregação para ser Focolarino. Pelo contrário, quando os encontros – ocorridos em geral nas férias de janeiro – para conhecer melhor o carisma da Unidade coincidiam com os de minha Congregação, eu optava por minha família Xaveriana. Estar com os Folcolarianos era para me fortalecer, porque sentia que era isso que deveria vivenciar na formação, para depois o anunciar no campo missionário.

Tornei-me sacerdote e missionário Xaveriano em 1970. Depois de dois anos na Itália, fui enviado ao Brasil. Aproveitando minhas férias – naquele tempo, eram seis anos de missão e seis meses de férias –, com a permissão de meus superiores, pude participar, por quatros meses, de uma "escola" organizada pelo Movimento dos Focolares para religiosos de várias Ordens ou Congregações de diferentes nacionalidades. Fui com a intenção de experimentar concretamente a vivência do amor recíproco. Uma escola mais do que teórica, vivencial, à luz do carisma da unidade de Chiara Lubich, fundadora do Movimento.

O local foi em Monte Rico, na diocese de Padova, em um convento cedido pelos Frades Conventuais, para permitir um local apto para essa experiência. Vivemos a vida religiosa normalmente, com as orações do tempo litúrgico, como nas várias comunidades de origem. Havia missa, meditação, trabalho para nos sustentar. Na época, alugávamos parte da casa para encontros de grupos eclesiais, firmas, convênios etc. Providenciávamos alimentação (cozinhávamos), pouso, limpeza da casa e tudo o mais. Não havia empregados. Nós fazíamos tudo como qualquer cidadão que ganha seu sustento com seu trabalho.

Fazíamos aulas para aprofundar os princípios básicos do Movimento, semelhantes àqueles que pediam as respectivas constituições dos fundadores dos vários padres que estavam participando. Pode-se dizer que era como um noviciado especial, intercongregacional. O grande desafio era vivenciar, a cada semana, uma palavra do Evangelho. Todas as noites, em uma partilha fraterna, colocávamos em comum os frutos da vivência do dia. Sempre procurando fazer de tal forma que o próprio Jesus pudesse estar presente no meio de nós 24 horas por dia, a fim de desfrutar o que Ele prometeu em Mateus 18,19-20.

No começo era até fácil, pois todos conheciam o Movimento. O que faltava era a prática concreta, os desafios normais da vida. Quando pusemos os pés naquele convento, sabíamos que nos faltava a experiência concreta. Tínhamos certeza de que, se nós, padres, de diferentes nacionalidades, Congregações e Ordens (tinha um Jesuíta, dois Fraciscanos, um Oblato, um Premostratense, um Conventual, eu Xaveriano, e mais um que não lembro) conseguíssemos vivenciar essa Palavra de Jesus, poderíamos depois propô-la também a outros. Era como se, antes de propor um remédio, quiséssemos experimentá-lo.

Algumas vezes vieram nos visitar casais, grupos paroquiais, jovens, que também estavam experimentando, em sua família e nos grupos, a mesma maneira de viver o Evangelho. Trocávamos experiências muito belas. Quando se vive o Evangelho nas várias situações da vida, acontece algo novo. As coisas, aos poucos, melhoram e se percebe a Presença de Jesus que ajuda, anima e alegra.

Essa espiritualidade dos Focolares ainda está penetrando, aos poucos, na Igreja. Não tanto como movimento, mas como uma vivência evangélica necessária e atual; é obra do Espírito Santo. Também as várias ordens religiosas, com suas importantes espiritualidades e seus carismas, ajudam imensamente a Igreja, proporcionando encontros e retiros para quem quiser aprender e se enriquecer. Podemos citar aqui os Franciscanos, em suas várias correntes, os Jesuítas, os Carmelitas, os Beneditinos etc. A Igreja precisa que cada Ordem, cada Congregação a enriqueça com os carismas, que são para o bem de todos.

Com grande caridade, os membros do Movimento Focolares proporcionavam encontros de poucos dias ou de vários meses, para quem quisesse. Não para serem melhores, mas para somarem; era dever deles oferecer a todos o que tinham recebido de Deus por Graça. Esses cursos ofereciam aulas teóricas e práticas, porque a "teoria" todos já a conheciam. O difícil era o aprendizado vivencial, no dia a dia. Em geral, em nossa formação de vários anos atrás, fomos educados mais teoricamente; essa "escola" nos desafiava muito a quebrar o foco do próprio "eu", para vivenciar mais o "nós".

A chave para superar os obstáculos e continuar no amor recíproco: a experiência entre sacerdotes religiosos

Com o passar do tempo, afloraram e aumentaram as dificuldades em continuar a conviver no amor recíproco. Começaram a aparecer as diferenças culturais, os defeitos humanos trazidos na carne fragilizada pelo pecado original. Não era fácil nos amarmos como seria o ideal. Tínhamos de superar muitas diversidades: formação, caráter, maneiras de encarar a vida nas várias situações, alimentação etc. Por isso aconteciam pequenas desavenças, incompreensões que ameaçavam a continuação e o aprofundamento da experiência.

Naqueles momentos, vivenciávamos que Jesus não estava mais presente como antes. A unidade entre nós diminuia; não era mais uma realidade que tornava alegre a convivência. Às vezes, aflorava uma sensação de derrota, de tristeza, de vazio; a saudade das respectivas comunidades nos tomava conta. O diabo sabia muito bem o que fazer para que não pudéssemos ter a Presença de Jesus em nosso meio. Seu plano é sempre dividir, fomentar as desavenças, aumentar a dificuldade em aceitar o outro, erguer barreiras para que não haja o perdão, suscitar incompreensões. No fim das contas, parecia impossível encontrar o diálogo fraterno, continuar o desafio iniciado.

O padre que nos acompanhava e nos ajudava nessa experiência, sabia que, cedo ou tarde, isso aconteceria. Revelou-nos que tinha "uma chave" para superarmos os obstáculos que nos impediam de dar continuidade a nossa experiência. Ele nos explicou de que maneira, as primeiras focolarinas tinham enfrentado os mesmos desafios e como tinham superado, com o amor a Jesus crucificado e abandonado, as várias divergências que volta e meia apareciam nas diferentes situações na convivência. Eram momentos difíceis, mas importantes para aprofundar o grande mistério da cruz, que nos permitia voltar ao amor recíproco.

Na cruz, Jesus sentiu-se abandonado até mesmo por seu próprio Pai, cuja presença sempre sentia e cuja vontade sempre procurava fazer. Jesus, que foi obediente em tudo, sofreu naquele momento o "inferno", isto é, experimentou a ausência de Deus. Sentiu-se rejeitado, incompreendido por seu povo, seus parentes (exceto Maria), seus amigos escolhidos, os apóstolos, seu próprio Pai. Ele sofreu tudo em nosso lugar, por nosso amor. O Filho de Deus, esmagado por aquele sofrimento, não somente perdoou a seus algozes, como também os amou, fazendo aquela oferta mortal: "Pai, não a minha, mas a Tua vontade seja feita". E a vontade do Pai era que Ele fosse a vítima por nossos pecados.

Concretamente, em cada dor que possamos sofrer, Jesus nos convida a carregar nossa cruz de cada dia, a oferecê-la com mais amor possível, unindo nossas dores a sua grande dor, a fim de colaborar com a salvação do mundo: "Jesus disse a seus discípulos: 'Se alguém quiser vir comigo, renuncie-se a si mesmo, tome sua cruz cada dia e siga-me'" (Mt 16,24-25). São Paulo disse que ele sofreu na própria carne o que faltou à paixão de Cristo. Jesus salvou o mundo, não somente com a pregação e os milagres, mas, sobretudo, com sua obediência ao Pai, que lhe pediu que morresse por nosso amor, na morte ignominiosa da cruz. Por isso, cabe a cada um de nós, seguidores de Jesus, abraçar a cruz da desunião e de nossa falta de amor; saber pedir perdão e recomeçar a amar; experimentar a felicidade de poder viver a fraternidade como Jesus nos ensinou e como praticavam os primeiros cristãos: "e todos viviam unidos e tinham tudo em comum" (At 2,44).

Nosso Fundador, São Guido Maria Conforti, na carta-testamento, recomendou a todos os participantes da Congregação que soubessem sacrificar tudo, se preciso fosse, sem faltar a caridade fraterna em nossas casas de formação e de missão. Concretamente, para continuar a ter Jesus no meio, a unidade precisava fazer um ato de amor para ir além e não acabar na desunião; percebemos que precisávamos abraçar aquela dor-cruz e, se fosse necessário, pedir perdão reciprocamente. Precisávamos superar aquele ressentimento, aquela raiva, aquela ofensa, para que retornasse a fraternidade. Eram momentos muito delicados, mas depois voltava a alegria; Jesus voltava a reinar em nosso meio. Vale a pena qualquer sacrifício para ter essa divina Presença.

Em algumas vezes, eram dificuldades pequenas, mas em outras, era mais difícil deixar "morrer" nosso amor próprio, nosso orgulho para a reconstrução da unidade. Para nós, cristãos, não basta viver em graça, poder comungar. Precisamos viver entre nós a fraternidade, o mandamento da Nova e Eterna Aliança: "Dou-vos um novo mandamento: Amai-vos uns aos outros. Como eu vos tenho amado, assim também vós deveis amar-vos uns aos outros. Nisto todos conhecerão que sois meus discípulos, se vos amardes uns aos outros" (Jo 13,34-35). Essa convivência fraterna nos ajudava também a nos conhecer melhor. Quanto mais nos conhecíamos, mais aumentavam a estima e a fraternidade. Não existe cultura superior ou inferior, mas diversidades. Quando conhecida e compreendida com amor, torna-se riquezas. Percebe-se que, para compreender a cultura do outro, é preciso amar. Quando nos amamos, compreendemo-nos e ficamos na luz; quando não nos amamos, não nos compreendemos e ficamos nas trevas. A Presença de Jesus no meio, fruto do amor recíproco, ilumina tudo.

8

VIVER ESSA PROPOSTA

Como podemos, em nossas famílias ou grupos de pessoas, pastorais ou em qualquer lugar, conseguir desfrutar essa promessa de Jesus e poder tê-lo no meio de nós?

Por causa do pecado original, nossa natureza humana foi afetada, fragilizada, desestruturada e desequilibrada. Em nível genético, em nosso DNA, carregamos a herança de nossos antepassados. Essa herança de desarmonias, embora conhecendo o que é certo, faz-nos, muitas vezes, escolher atitudes erradas. Não é fácil estar sempre disposto a "lavar os pés do outro", vencer o egoísmo, a preguiça, aquela tentação, dominar aquela paixão e amar como Jesus nos pede. É difícil, sim, mas não impossível. E se torna possível se rezarmos, porque o espírito é pronto, mas a carne é fraca.

As forças que movem e iluminam nossas decisões e escolhas são diferentes de pessoa para pessoa, dependem de vários fatores e, em boa maneira, de nossos antepassados, de como fomos gerados, da educação que recebemos na infância e das demais etapas de nosso desenvolvimento psicológico e espiritual. Todos nós precisamos da força divina para tomar decisões certas e sabemos que Ele doa a quem pede. Sobretudo, precisamos da ajuda do Espírito Santo, que também nos será dado, se o invocarmos (Mt 7,11) para poder vivenciar o Novo mandamento. "O espírito é que vivifica, a carne de nada serve. As palavras que vos tenho dito são espírito e vida" (Jo 6,63).

Em geral, cada um de nós, mais ou menos, quer fazer orações particulares sobretudo na hora de se levantar e de deitar; mas **essa proposta** visa, especificamente, não somente à bondade das pessoas, como também à **santificação comunitária, sobretudo familiar**. Em muitas famílias, reina um bom relacionamento, as pessoas se querem bem, e isso é muito bom. Mas, nessa proposta, estamos oferecendo **um passo à frente**, um algo mais, um incentivo a uma santificação mais profunda. Por isso, gostaríamos de propor uma oração além de nossas particulares, se possível, uma oração em família. Jesus nos revela que, se estamos reunidos em SEU NOME, ELE ESTARÁ NO MEIO DE NÓS. O que isso significa? Significa que estaremos reunidos de acordo com seu mandamento, isto é, NO AMOR RECÍPROCO: "Amai-vos uns aos outros... Nisto todos conhecerão que sois meus discípulos, se vos amardes uns aos outros" (Jo 13,34-35). Essa é a condição necessária, *sine qua non*, pois, sem ela, a presença de Jesus não acontece. Somente assim Ele estará presente no meio de nós. É palavra do Senhor Jesus, que é Deus, que vem acompanhada de uma grandiosa promessa: "Se permanecerdes em mim, e minhas palavras permanecerem em vós, pedireis tudo o que quiserdes e vos será feito... Disse-vos essas coisas para que minha alegria esteja em vós, e vossa alegria seja completa" (Jo 15,7.11). E também: "O que pedirdes em meu nome, eu o farei, a fim de que o Pai seja glorificado no Filho. Se pedirdes algo em meu nome, Eu o farei" (Jo 14,13).

Poder viver com Jesus o dia inteiro é felicidade garantida, apesar de nossos limites, defeitos e de nossas fraquezas. Aquilo que aqui sugiro, fique bem claro, é uma proposta. Ninguém deve pensar que, se não fizer o que este livro propõe, será menos cristão. Também não queremos dizer que essa é a única maneira. Essa proposta já foi oferecida a mais de três mil famílias, e aquelas que a colocaram em prática sentiram que sua vida melhorou assim que a vivenciaram. O importante é que ao menos duas pessoas da família estejam de acordo para colocar em prática as condições para que a promessa de Jesus possa se realizar. Ideal seria que toda a família pudesse estar de acordo.

Como colocar em prática

Várias propostas

Sabemos que, por vários motivos, as famílias são diferentes; por isso gostaria de apresentar várias propostas de vivenciar o amor recíproco, respeitando as diversidades. O essencial é que tenhamos o amor recíproco em âmbito sobrenatural.

Importante na proposta que estamos fazendo, não é somente um incentivo a viver em paz, não é somente uma proposta de uma "boa convivência", mas é também viver a palavra de Jesus contida em Mateus (18,19-20), para que Ele esteja Presente em nosso meio. Aqui elencamos algumas propostas, das mais simples às mais especificadas.

1) O pai, ou quem o representa, todos os dias, antes das refeições, faz o sinal da cruz ou uma breve oração. É importante que, ao menos de vez em quando, explique-se a importância de rezar juntos como família.

2) O pai, ou quem o representa, aos domingos, ou nas festas, ou nos aniversários, além de rezar como de costume, pede para todos **darem as mãos** e faz uma oração. Se a família não estiver acostumada a rezar antes da refeição, antes de iniciar a prática de rezar de mãos dadas, é bom o pai, ou quem ocupar o cargo da chefia da família, explicar brevemente o motivo, falar sobre a graça de que a família está necessitando, muitas vezes de maneira urgente, e sobre a promessa de Jesus de estar presente no meio de nós. A primeira intenção é agradecer a Deus o alimento. E rezar de mãos dadas simboliza que todos os membros da família estão de acordo em vivenciar o amor recíproco como Jesus deseja. PORQUE NÃO É A ORAÇÃO EM CONJUNTO QUE TORNA JESUS PRESENTE, MAS O **AMOR RECÍPROCO**. O ato de dar as mãos representa concretamente esse amor. Caberá ao pai, ou a quem preside a família, de vez em quando, relembrar a importância dessa oração e do amor entre todos, a fim de que não se torne um costume rotineiro, vazio, feito mecanicamente. Se ficar claro que alguns não estão vivenciando o amor recíproco, caberá ao chefe de família ver como resolver, em outra oportunidade, esse problema. Se o que a família estiver necessitando for grave, marcar um momento de oração. E qual oração? O ideal seria o Terço.

3) A família – ou, ao menos, duas pessoas –, marca o horário mais favorável, ficando o grupo sempre baseado em Mateus 18. Ao se reunir, **de mãos dadas**, coloca as intenções que deseja e precisa, usando a seguinte fórmula: “PAI, EM

NOME DE JESUS, DE JESUS NO MEIO DE NÓS, NÓS TE PEDIMOS... (e aí faça os pedidos que quiser). Depois, reza o terço, ou uma dezena de Ave-Maria ou, ainda, um Pai-Nosso, uma Ave-Maria e um Glória, ou outras orações ou novenas.

Em todos esses encontros de família, ou em outros encontros, quando as pessoas procuram ter o amor recíproco, Jesus se faz PRESENTE NO MEIO. E devemos crer firmemente em sua promessa: "Eu lhes digo mais isto: se dois ou mais estiverem de acordo na terra, para pedirem qualquer coisa, ser-lhe-á concedido por meu Pai, que está no céu, porque, onde dois ou três estiverem reunidos em meu nome, eu estarei ali no meio deles" (Mt 18,19-20).

4) Marcar um horário em que as pessoas possam se encontrar para o momento de oração. Essa proposta pode ser feita todos os dias, se houver urgência, casos de depressão etc., ou uma vez por semana, ou a cada 15 dias, ou uma vez por mês. Que cada família escolha de acordo com seu tempo.

a) No início, cada um se benze **com água benta**, para ficar bem concentrado e afastar o demônio, que não quer a oração. É preciso estar ciente de que o adversário de Deus fará todo o possível para que "não tenhamos tempo", inventado mil compromissos, mil desculpas. Ele sabe que, se houver oração, terá de sair e não haverá espaço para executar suas tristes artimanhas: brigas, incompreensões e fantasias diabólicas, que costumam destruir as famílias.

b) Posteriormente, o pai molha o dedo na água benta e faz uma cruz na testa da esposa, dizendo: **"Minha querida (ou outro nome), Deus te abençoe, em nome do Pai, do Filho e do Espírito San-**

to" (se achar conveniente, pode acrescentar: eu te amo). Dá-lhe um abraço afetuoso e um beijo. Após isso, faz o mesmo com os demais. No dia seguinte ou na próxima vez, quem inicia é a esposa, e assim sucessivamente, para todos, filhos etc., participarem. A **água** nos lembra nosso **Batismo,** e "eu te amo", o compromisso de praticar o Mandamento novo: amai-vos uns aos outros, condição essencial para sermos discípulos de Jesus. É claro que as pessoas deverão responder "Eu também te amo". Mas cada caso é um caso. Cada família tem sua sensibilidade religiosa. Importante não obrigar nada a ninguém. O amor é livre. Se não é livre, não é amor e não serve. Se tiver alguma pessoa com **depressão** ou **doente**, ou com alguma necessidade ou problema urgente, é bom fazer esse ritual todos os dias.

c) Depois desse abraço amoroso, podemos CRER QUE JESUS ESTÁ NO MEIO DE NÓS. E, com Ele presente, podemos pedir ao Pai o que desejamos. Ele nos atenderá se o que pedirmos for bom para nós e de acordo com sua vontade. Nossa fé se baseia, sobretudo, não em nós, pobres pecadores, mas em sua Palavra. A expressão eu te amo, se proferida de coração e, principalmente, se relacionada ao mandamento de Jesus, **tem um grande poder** de cura e de libertação. De vez em quando, é bom lembrar, ler a promessa de Jesus (cf. Jo 15,9-17). Eu sugiro uma "fórmula" de pedidos, mas cada família pode fazer como quiser e **pedir o que quiser**. Minha sugestão é: **"Eterno Pai, nós te pedimos, em nome de Jesus, de Jesus no meio de nós, com a mesma fé de já ter alcançado as**

graças: saúde da alma e do corpo, segundo tua santa vontade, a abundância do Espírito Santo, uma profunda conversão, uma firme decisão de rejeitar todo o pecado e de fazer com amor tua vontade. Em nome de Jesus, seja eliminada qualquer obra do demônio, maldição, praga ou feitiço contra nós, nossa família, casa, nosso estudo ou trabalho. Renovamos nossa fé na Igreja Católica (se esta oração for feita por uma família não católica, dir-se-á "renovamos nossa fé em nossa Igreja") e nos consagramos ao Coração de Jesus e Maria. Amém (outras Igrejas omitirão essa consagração).

d) Depois disso, rezar a **oração escolhida**, acima de tudo para **agradecer e pedir a força para amar divinamente**. Para alimentar nosso corpo, que é mortal e importante, em geral comemos três vezes por dia. E, para alimentar e fortalecer nosso espírito, nossa alma, destinada a viver por toda a eternidade, não seria importante reservar um momento para fortalecê-la? **O ideal seria rezar o Santo Terço, todos juntos, em família.** Porém todas as orações são válidas: uma dezena de Ave-Marias, um Pai-Nosso, uma Ave-Maria e um Glória ao Pai, ao Filho e ao Espírito Santo, ou um Salmo, uma oração espontânea. Cada família deve sentir-se livre para escolher. Não devemos esquecer que a oração é para aquelas famílias que desejam viver uma espiritualidade mais elevada, mais divina, e que desejam ser mais semelhantes à Sagrada Família. Rezar é importante, porque, sem a ajuda divina, não se consegue ficar muito tempo amando uns aos outros. Sem a oração, aos poucos, podemos perder o fervor e ficar na rotina puramente humana. Neste caso, em vez da presença da paz e da alegria do Espírito Santo, corremos o risco de que nosso amor familiar se resfrie a tal ponto de, com facilidade, haver briga, perda do calor do amor familiar e de abrir a porta às desavenças, às vezes, muito sérias e de difícil solução. Podemos, inclusive, chegar ao ponto de banir Jesus de dentro de casa, abrindo espaço para a presença do diabo, que vem senão para furtar, matar e destruir (cf. Jo 10,10). O homem, corrompido pelas paixões mundanas e pelo egoísmo, fica fragilizado, e o inimigo fica sempre à espreita, tentando impedir que Jesus reine em seu coração. Não nos esqueçamos da gravíssima exortação dos santos: "Quem reza se salva; quem não reza corre o perigo de se perder".

5) Casos particulares

a) E quando a pessoa está sozinha? Ou não tem ninguém na família que possa ter o amor recíproco concretamente? Existe, sim, uma possibilidade. Se a pessoa viver sozinha, se for possível, convidar uma amiga ou um amigo em quem possa confiar e que esteja disposto(a) a ir um momento a sua casa. Juntos (as) podem fazer a oração seguida dos pedidos. Bastam duas ou três.

b) Quando a pessoa somente tiver alguém distante, que aceite orar junto em nome de Jesus, pode-se rezar pelos **meios de comunicação – telefone, WhatsApp, televídeo** – ou por qualquer outra maneira tecnológica. Utilizando esses meios, declare-se o amor recíproco à distância, e Jesus estará IGUALMENTE NO MEIO, com sua DIVINA PRESENÇA. Quantas graças se podem alcançar! Adeus, solidão! A frequência desses encontros e dessas orações depende de cada um, da urgência e, especialmente, da fé nas divinas PALAVRAS E PROMESSAS DE JESUS.

Proposta especial (Casos particulares)

COM ÓLEO – Este rito **só pode ser realizado com a permissão do Pároco,** com óleo bento. Que fique bem claro que **não é o óleo dos enfermos**, consagrado pelo Bispo na Liturgia da Semana Santa e que somente o sacerdote pode conferir. Inicia-se, como sempre, benzendo-se com água benta. Coloca-se um pouco de óleo bento em um pequeno pires. O pai, ou quem é o chefe da família naquele momento, imerge o dedo no óleo, seca um pouco para não lambuzar muito e faz uma cruz na testa da esposa, dizendo: "Deus te abençõe, em nome do Pai, e do Filho e do Espírito Santo"; declara "te amo" e dá-lhe um abraço bem afetuoso. O óleo é para lembrar as duas unções que recebemos nos dias de nosso Batismo e de nossa Crisma, com o óleo dos catecúmenos e o óleo da Crisma. Depois, como nas outras bênçãos, podem ser feitos o pedido e a oração escolhida; pode ser a que sugeri anteriormente. No dia seguinte, ou na semana seguinte, a esposa inicia e assim por diante. O óleo bento, assim como a água benta, é Sacramental. Na Igreja Católica existem os **Sacramentos** e os **Sacramentais**. Os Sacramentos são sete: Batismo, Crisma, Eucaristia, Confissão ou Reconciliação, Ordem, Matrimônio e Unção dos enfermos. São encontros com o próprio Jesus; em cada um Ele confere, por meio da Igreja, uma graça especial. Os Sacramentais são instituídos pela

Igreja para ajudar os cristãos a vivenciarem a fé nos vários momentos da vida. Devem ser usados com moderação e equilíbrio, para não cair na superstição, serem bentos por um sacerdote e usados com fé: água benta ou exorcizada, sal, óleo, medalhas, a Bíblia, velas, crucifixos, imagens de santos, escapulários etc. Uma medalha benta no bolso não protege por si mesma se nós não pedimos com fé a proteção. A Bíblia deixada na estante não nos santifica sem que a leiamos com fé; o terço também não nos protege somente se o pendurarmos no carro, sem o rezarmos. É muito importante fugirmos de superstições, amuletos ou objetos bentos que não pertencem a nossa Igreja. Igualmente, deve-se ficar longe de participar de ritos mágicos, lembrando Deuteronômio (18,10-12).

O mandamento do amor pode ser vivenciado por católicos e não católicos, cristãos e não cristãos, crentes em Deus ou ateus de boa vontade; assim Ele nos santificará e haverá respeito às diferenças. Não é fazer uma salada russa de religiões, mas sim encontrar no amor a possibilidade de uma convivência pacífica. O católico não precisa renunciar a nenhum artigo da própria fé; ao contrário, deve vivenciá-la mais fervorosamente.

9

O SEGREDO PARA SUPERAR AS DIFICULDADES

(sobretudo na experiência da vida familiar)

No Capítulo 7, quando relatei a **experiência de ter Jesus no meio de vários religiosos**, no Monte Rico (Padova), focalizei a importância de uma "chave" ou "segredo". Agora, gostaria de retornar a meditar mais um pouco sobre esse segredo, **focalizando a Família**. Como superar as dificuldades que podem surgir e que nos impedem de nos amar e de deixar Jesus no meio de nós?

Não é fácil estarmos sempre dispostos "a lavar os pés" dos outros, nem que estejamos em família. Teoricamente, conhecendo o Evangelho, sabemos que o "outro" é Jesus, no sentido de que tudo o que fazemos a qualquer pessoa a Ele fazemos; mas, concretamente, por causa do pecado original, que fragiliza nossa natureza, e das contínuas tentações, muitas vezes nos omitimos em praticar esse mandato de Jesus.

Lembrando a primeira "iluminação" que tiveram Chiara Lubich e suas companheiras – a respeito da possibilidade de poder gozar 24 horas por dia da promessa de Jesus (cf. Mt 18,19-20) –, vemos como elas conseguiram perseverar nessa palavra e superar os momentos de crise, a tal ponto que o Movimento Focolares se disseminou no mundo inteiro. Qual é a chave? Qual o segredo?

Está na Cruz de Jesus

Jesus, por meio de seus exemplos, ensinou-nos que amar significa ter atitudes concretas, como Ele, quando lavou os pés dos apóstolos. Disse Ele: "Eu vim para servir e não para ser servido" (Mc 10,45). Quando respondeu a um Mestre da Lei, que lhe perguntou quem era nosso próximo que devemos amar, explicou com a Parábola do Bom Samaritano (Lc 10,25-37), ampliando a concepção dos hebreus, que consideravam o próximo as pessoas da mesma raça. Com essa parábola, Jesus quebra todas as barreiras e identifica como próximo qualquer pessoa que necessite de ajuda. Amar é sair de nosso comodismo, é agir e, às vezes, sacrificar-se. Quando Jesus explicou como podemos segui-lo, não nos fez falsas promessas, mas nos disse: "Se alguém quer vir após mim, renegue-se a si mesmo, tome cada dia sua cruz e siga-me. Porque quem quiser salvar sua vida, perdê-la-á; mas quem sacrificar sua vida por amor de mim, salvá-la-á" (Lc 9,23-24). Revelou-nos, contudo, que não seria uma cruz impossível de carregar: "Meu jugo é suave, meu cargo é leve" (Mt 11,30).

Um exemplo concreto

Vamos imaginar uma família na seguinte situação: estão todos em casa, e, lá fora, chove e faz muito frio. A mãe pede aos filhos para irem comprar um litro de leite, pois quer fazer um doce para todos. Ninguém quer ir. Um dos filhos se lembra de que Jesus pede para amar, isto é, doar-se, servir, carregar a própria cruz, se desejar ser seu discípulo. Para ter Jesus no meio, portanto, é necessário fazer esse ato de amor desinteressado. Obviamente, isso custa vencer o frio; mas ele se lembra de que tudo o que fazemos a qualquer pessoa – neste caso à mãe e a toda a família – fazemos para Jesus e de que, ao realizar um ato com maior amor possível, ele vence os obstáculos, nesse caso, a chuva e o frio. Embora o percurso seja longo, vai sem se importar com as intempéries e os sacrifícios. O resultado: em casa, todos ficam felizes porque chegou o leite. Ninguém briga, a mãe faz o doce e o amor reina. E Jesus, que por causa de brigas poderia ter-se afastado, está feliz e verdadeiramente PRESENTE nessa família. Quanto mais se ama, menos pesado é o sacrifício. A cruz do dia dia, às vezes, pode ser bem mais pesada, por isso é preciso mais amor.

E, nesse caso, para que reinasse o AMOR-JESUS, alguém teve de abraçar a cruz e fazer um ato de amor. Em nosso exemplo, foi algo simples, pequeno; mas **a dinâmica é a mesma para uma situação em que o sacrifício pode ser muito grande.** Muitas vezes, basta um pequeno deslize, um ato de egoísmo, uma preguiça, um pecado, enfim, para que se passe de um clima afável de fraternidade e amor para um clima de desunião. Se é algo pequeno, pode-se superar facilmente, RECOMEÇANDO A AMAR, pedindo desculpa e reconciliando-se, por exemplo. Outras vezes, pode ser mais grave. Nesses casos, para sarar as feridas da mágoa e do ressentimento, pode-se precisar de mais tempo, de muita oração e humildade. É preciso estar atento para enxergar quando se apresenta a ocasião para se refazer a unidade perdida e permitir que

Jesus volte a ficar no meio de nós. Perdoar e dar o perdão é indispensável. Na vivência do dia a dia, sempre acontece algum problema; isso é natural. Seria muito pior se, para ficarmos "numa boa", tranquilos em nossa zona de conforto, ignorássemos aquelas situações mal resolvidas ou não resolvidas que, como um câncer, podem se alastrar e pôr tudo a perder.

Quando se perde o amor recíproco, perde-se tudo, pois se perde a presença de Jesus, **o grande tesouro**, que vale mais do que tudo. Não por nada, Jesus nos exorta com infinito amor: "O ladrão não vem senão para furtar, matar e destruir. Eu vim para que as ovelhas tenham vida e para que a tenham em abundância" (Jo 10,10). Quando se perde a **UNIDADE-JESUS**, experimenta-se uma profunda tristeza, um profundo vazio. Seja quem ofendeu, seja o ofendido, ninguém é feliz. Parece que a vida perde até o sentido. Alguém precisa dar o primeiro passo. Quem? O que tem razão? Não! O que ama mais. É um combate espiritual, às vezes, muito forte. A vitória chega, mas somente pela fé no ensinamento de Jesus. Em muitos casos, certas desavenças se prolongam por anos e destroem famílias inteiras, acarretando imenso prejuízo material e, sobretudo, espiritual. E quem ganha é o demônio e, muitas vezes, os advogados, quando é preciso usar a justiça (que não sempre é justa), porque não há conserto; pior ainda quando tem de intervir a polícia. Deus é amor, e onde há amor Deus ali está. Por essa razão, a melhor escolha é sempre amar, optar pelo diálogo, por um consenso, evitando o radicalismo, o fundamentalismo.

Um exercício muito concreto é de, toda noite, antes de se deitar, ao dar boa noite, caso tiver alguma mágoa, dar o perdão. Evita-se, assim, que o vírus do ressentimento se instale nos corações e contamine a convivência. A paz é fruto do perdão e da reconciliação. Pela manhã, iniciando o novo dia, buscar olhar-se "com olhos novos", como se o algo negativo de ontem não tivesse acontecido. Página nova, dia novo, vida nova, em um renovado desejo de se amar na simplicidade, como fazem as crianças, que brigam e, logo depois, brincam de novo. Por fim, como nos ensina o apóstolo das nações:

> Ainda que eu fale a língua dos homens e dos anjos, se não tiver caridade, sou como o bronze que soa, ou como o címbalo que retine. Mesmo que eu tenha o dom da profecia, e conheça todos os mistérios e toda a ciência; mesmo que tenha toda a fé, a ponto de transportar montanhas, se não tiver caridade, não sou nada. Ainda que distribua todos os meus bens em sustento dos pobres, e ainda que entregue meu corpo para ser queimado, se não tiver caridade, de nada valerá! A caridade é paciente, a caridade é bondosa. Não tem inveja. A caridade não é orgulhosa. Não é arrogante. Nem escandalosa. Não busca seus próprios interesses, não se irrita, não guarda rancor. Não se alegra com a injustiça, mas se rejubila com a verdade. Tudo desculpa, tudo crê, tudo espera, tudo suporta (1Cor 13,1-7).

10

A CAUSA DOS DESASTRES NO MUNDO

Os cientistas estão alertando os chefes de governo do mundo inteiro de que nosso planeta Terra está em perigo. Dizem que, se não forem tomadas iniciativas sérias e urgentes, nossa "casa comum" estará, a cada dia, mais fadada a desastres catastróficos e destruidores, na terra, no ar e no mar, atingindo milhões de pessoas. E colocam como causa a poluição, seja na terra, seja no ar, seja nas águas, tornando a existência humana cada vez mais difícil.

Os governantes, pressionados por essas reais previsões pessimistas, constatando o aumento exponencial dos desastres em ritmo alarmante e cada vez mais frequentes, como terremotos, secas, enchentes, tsunamis, furacões, tornados, doenças epidêmicas cada vez mais letais, decidiram se reunir periodicamente em encontros mundiais, a fim de tomarem providências, acolhendo as orientações dos cientistas. Percebendo que as causas desses desastres é a poluição, comprometeram-se a começar a agir, infelizmente mais com palavras do que com atos. De fato, cada país pensa que os outros são os culpados, e assim pouco se faz.

É certo que esse esforço de tornar o planeta mais limpo é louvável, mas combater esses desequilíbrios somente com esses meios não se atingem as verdadeiras causas. Nossa Senhora está revelando, em várias aparições, que a **causa fundamental dos males que afligem o mundo são os pecados**, sobretudo, o aborto, o desprezo a Deus e a seus mandamentos, a rejeição de seu Filho Jesus e sua Santíssima Mãe. E, se alguém tem alguma dúvida, é so ler a Bíblia. Tanto o Antigo quanto o Novo Testamento falam claramente que TUDO depende da fidelidade (ou da infidelidade) em aderir à vontade de Deus. Qual é a vontade de Deus? O que Jesus nos ensina no Evangelho e nos é transmitido pela Igreja que Ele fundou? A Igreja nos exorta a vivenciar os mandamentos que Ele revelou e nos ilumina pelo mandamento do amor, dado por ele na Santa Ceia, quando proclamou a Nova e Eterna Aliança. Alguém poderá dizer: minha família está bem, amamo-nos e rezamos. Sim, mas olhemos para fora de nossos lares: multidões de jovens desnorteados, sem saber o sentido da vida, de onde eles vêm e para onde vão, já que quase ninguém fala a eles de Deus, que nos ama e que Jesus nos revelou. Estão revoltados até contra si mesmos, contra a vida e até contra os próprios pais. Nas escolas, quantos alunos rebeldes, professores estressados ou alguns defensores de falsas ideologias, e até (graças a Deus não todos) ensinando aos alunos que Deus não existe, deturpando a História da Igreja como se ela fosse a causa de todos os males, quando, na realidade, é o contrário. Ensinam que eles derivam de "poeiras de estrelas", "do acaso" ou de uma "mãe Natureza", ou bobagens semelhantes. Há muitos jovens sem rumo, e vários envolvidos em crimes, drogas e prostituição. Olhamos para as incontáveis famílias destruídas pelas separações e incompreensões. Quanta falta de Deus, quanta falta de orientação e de amor, que não receberam na família!

Muita violência, 60.000 assasinatos por ano no Brasil, às vezes com requintes de ferocidade que, antes, não aconteciam. Por muito pouco se mata, e sem remorso ou arrependimento. Governos se mostram dispostos a gastar fortunas com a corrida armamentista, esquecendo-se de providenciar o básico necessário para a população. Com exceção da polícia, que delas necessita para garantir a segurança dos cidadãos, qual a utilidade das armas para os outros? Sabemos que as armas de destruição em massa são capazes de varrer milhões de pessoas da face da terra, sem, contudo, solucionar os problemas que geram os conflitos entre as nações. Muitos governos no mundo investem mais em armamentos do que em promover o bem do povo, a saúde, a educação e moradia digna. Prezam muito o desenvolvimento econômico, investindo fortunas em tecnologia cada vez mais avançada, mas designam pouco para que os bens sejam repartidos de maneira mais justa, para que as vantagens do progresso favoreçam a todos. Essa justiça deveria ser realizada primeiramente no próprio país, sem se esquecer dos demais. Os países mais ricos e evoluídos deveriam ajudar mais os menos favorecidos. Gastar menos com armas e mais em ajuda econômica internacional, independentemente da religião de cada país. O amor concreto, feito de gestos concretos, ajudaria a diminuir os preconceitos, as barreiras que separam e ameaçam o futuro do Planeta, não procurando diminuir a população com um falso "planejamento familiar" (aprovando e ajudando o aborto), mas defendendo a vida, desde o concebimento até a morte, e promovendo o progresso na produção de alimentos, habitação, saúde e educação para todos. Nosso Planeta é imensamente rico. Se bem cultivado e administrado, com uma mentalidade de fraternidade universal, pode proporcionar vida, e vida em abundância, para muito mais pessoas!

Por que, dentre as várias orações, o terço é tão importante

Desde o Antigo Testamento, Deus sempre acompanhava seu povo e sabia que não era fácil ser fiel às promessas, à Aliança. Enviava os Profetas para alertarem o povo, repreenderem-no, quando preciso, ou encorajarem-no quando ele estava desanimado. No Novo Testamento, Deus continuou seguindo os passos da Igreja, suscitando homens e mulheres que, segundo as necessidades, repreendiam, encorajavam, incentivavam a Igreja ao longo dos séculos (observe-se a importância de certos santos suscitados por Deus nas várias necessidades). E Nossa Senhora, como Mãe da Igreja, sempre se preocupou com a caminhada de seus filhos, por meio das inúmeras revelações, desde o começo da Igreja. Como exemplo, vejam-se os vários livros sobre as aparições de Nossa Senhora na História da Igreja: em Guadalupe, Fátima, Lourdes, Garabandal, Akita, Kibeho, Medjugorge e, ultimamente, em vários lugares do mundo, inclusive aqui no Brasil, as quais ainda estão sendo estudadas pela Igreja e não são reconhecidas. Maria Santíssima, Mãe da Igreja, preocupa-se conosco e nos exorta a uma urgente conversão, incentivando sobretudo as famílias a rezarem o Santo Rosário. O terço, além de ser um compêndio do Mistério Pascal, contém o querigma, meditado de uma maneira fácil e popular. Oração que vários Papas rezaram e incentivaram.

Existem, sim, algumas falsas aparições. Mas a Igreja está atenta e sempre alerta quando as tais falsas aparições se manifestam. Não se opõe, contudo, onde se manifestam os bons frutos, que atestam esses apelos extraordinários. Por que precisamos desses apelos? Não bastam a Igreja e a Bíblia? Claro que bastaria, se o Magistério da Igreja fosse escutado e a palavra de Deus praticada. Mas, diante de tantos cristãos que não estão praticando o Evangelho, o que está em jogo não é algo de pouca importância, mas a própria vida eterna, no Céu ou no inferno. Nossa Senhora, que por uma missão recebida do próprio Jesus, é **nossa Mãe, faz de tudo para nos alertar, até com meios extraordinários, como as aparições.**

As aparições de Nossa Senhora ao longo dos séculos

As aparições de Nossa Senhora foram inúmeras e em várias localidades. Veja-se uma pequena lista:

Revelações de Nossa Senhora, aprovadas pelos Bispos locais e pela Congregação da Doutrina e da Fé daquele tempo ou que estão em fase de estudos por parte da Igreja

325 – Nira, Turquia
363 – Roma, Itália – N. S. das Neves, 5 de agosto
815 – Corbi, França – Sto. Ascânio
980 – Canterbury, Inglaterra
1250 – Lucca, Itália – Sta. Zita
1251 – Abade Stok, Inglaterra – N. S. do Carmo
958 – Herford, Alemanha
1382 – Czestochowa, Polônia
1317 – Glatz, Checoslováquia – Sto. Ernesto

1432 – Caravaggio, Itália

1531 – Guadalupe, México

1550 – Vailankami, Índia – a Lourdes de Índia

1626 – Vierviers, Bélgica

1651 – Coromoto, Venezuela

1640 – Colonda, Espanha

1830 – França – a Catarina Labouré

1858 – Lourdes, França – a Bernadette Subirous

1850 – Lichem, Polônia

1842 – Roma, Itália – a Ratisbonne

1879 – Knox, Irlanda – para mais de 200 pessoas

1846 – Salette, França

1878 – Corato, Itália – Jesus Cristo, a Luísa Piccaretta

1884 – Napoli, Itália – N. S. Pompeia

1900 – Shesnshan, Xangai, China

1917 – Fátima, Portugal

1931-1955 – Balazar, Portugal – para Alexandrina Maria da Costa

1933 – Banneux, Bélgica

1936 – Pesqueira, Pernambuco, Brasil – para duas crianças

1944 – Bonate, Bérgamo, Itália – a Adelaide Roncalli

1945-1959 – Amsterdã, Holanda – para Ida Peerdeman

1946 – Marienfried, Alemanha – Mãe Três Vezes Admirável, para Barbara Ruess

1947 – Montichiari, Itália – N. S. da Rosa Mística

1976 – Caserna, Itália – Jesus, Maria, Anjo da Guarda, várias aparições a Tereza Musco

1947 – Tre Fontane, Roma – ao comunista Bruno Cornacchiola

1961 – Garabandal, Espanha – Nossa Senhora do Carmo a 4 adolescentes

1973 – Akita, Japão – irmã Agnes Katsuko Sasagawa (e em 2019, depois de 46 anos)

1981-1988 – Kibeho, Ruanda, África – para 8 Adolescentes
1981 – Medjugorie, Bósnia e Herzegovina
1995 – Civitavecchia, Itália

Por que é tão urgente que se recorra a Nossa Senhora

Vimos uma mínima parte de como Nossa Senhora esteve sempre presente ao longo dos séculos na vida da Igreja, sobretudo acudindo os mais sofridos e humildes nas adversidades e nos sofrimentos. Gostaria de focalizar, agora, as aparições de Fátima.

Ensinamentos de nossa Mãe do céu

Fátima, Portugal

Em Fátima, Portugal, Nossa Senhora apareceu a três crianças no dia 13 de maio 1917. Na Europa, enfurecia a Guerra Mundial. Nesse mesmo ano, a Rússia fundou o sistema ditatorial da URSS, perseguindo todas as religiões, sobretudo os cristãos. Nossa Senhora apareceu seis vezes, pedindo insistentemente a reza do terço:

> Rezai, rezai; não ofendam mais Nosso Senhor, que já está tão ofendido. Se rezardes, tereis paz; mas, se continuardes a ofender meu Filho, haverá uma guerra mais horrível que esta [Primeira Guerra Mundial, 1914-1918] ... Vistes o inferno, para onde vão as almas dos pobres pecadores; para as salvar, Deus quer estabelecer no mundo a devoção a meu Imaculado Coração. Se fizerdes o que eu vos disser, salvar-se-ão muitas almas e terão paz. A guerra vai acabar. Mas, se não deixarem de ofender a Deus, no reinado de Pio XI, começará outra pior. Quando virdes uma noite

> alumiada por uma luz desconhecida, sabei que é o grande sinal que Deus vos dá de que vai punir o mundo de seus crimes, por meio da guerra, da fome e de perseguições à Igreja e ao Santo Padre. Para a impedir, virei pedir a consagração da Rússia a meu Imaculado Coração e a Comunhão reparadora nos primeiros sábados. Se atenderem a Meus pedidos, a Rússia se converterá e terão paz; se não, **espalhará seus erros pelo mundo**, promovendo guerras e perseguições à Igreja. Os bons serão martirizados, o Santo Padre terá muito que sofrer, várias nações serão aniquiladas. Por fim, o Meu Imaculado Coração triunfará. O Santo Padre consagrar-me-á a Rússia que se converterá e será concedido ao mundo algum tempo de paz" (Memórias da Irmã Lúcia I, 2007, p. 93 passim).

O papa Pio XII queria essa consagração da Rússia, conforme pedira Nossa Senhora, mas não encontrou a totalidade das adesões dos Bispos (veja que enorme responsabilidade tem a hierarquia quando não leva a sério as ajudas que Deus nos oferece). Por que a revolução na Rússia e todas as ditaduras são más? Porque tiram a liberdade política e religiosa. Quando o papa Pio XII, em 1942, fez a consagração – parcial –, já ajudou, pois, logo depois, começou a derrocada do nazifascismo; mas **era tarde** para obter a promessa plena de Nossa Senhora, porque não era ainda a consagração como Nossa Senhora havia pedido. A Mãe de Deus não foi escutada. **O povo, não incentivado suficientemente**, não rezou como ela pediu. E aconteceu, conforme advertiu Nossa Senhora: estourou a Segunda Guerra Mundial (1939-1945), que dizimou milhões de vidas humanas. A Rússia, espalhando o comunismo ateu por todo o mundo, fez sofrer tremendamente a humanidade, sobretudo os povos que foram anexados a seu território. Quem fez a consagração do mundo, como Nossa Senhora havia pedido, foi o santo papa João Paulo II, no dia 25 de março 1985, em Roma, diante da imagem de Nossa Senhora de Fátima, vinda de Portugal. Por esse ato de fé, milagrosamente, o poderoso império da União Soviética desmoronou rapidamente, sem nenhum combate. Se tivesse sido feita quando Nossa Senhora pediu, não teria acontecido a Segunda Guerra Mundial. A hierarquia deve ser prudente, sim, e muito; mas, quando excessiva, torna-se uma terrível *Imprudência*, com custos humanos e espirituais inimagináveis.

Pediu, além de continuar com a devoção das primeiras sextas-feiras do mês – em reparação às ofensas ao Sagrado Coração de Jesus –, a comunhão reparadora dos primeiros sábados do mês, para consolar o Coração Imaculado de Maria por tantas dores que os homens lhe causam com seus desprezos; e essas ofensas a Jesus e Maria Deus não tolera, porque Ele é infinitamente bom e justo. A dor maior de Nossa Senhora é, sobretudo, o fato de muitos de seus filhos se perderem no inferno. “Meu Deus, eu creio, adoro, espero e amo-vos. Peço-vos perdão para os que não creem, não adoram, não esperam e não vos amam”, disse o Anjo aos três pastorinhos, nas aparições preparatórias, antes que ela aparecesse para as crianças (cf. Memórias. I, 2007, p. 169). Depois, aparecendo ao lado dos três pastorinhos, quando faziam a sesta, o Anjo ensinou: “Oferecei constantemente ao Altíssimo orações e sacrifícios” (p. 170). Da mesma forma, as crianças se sentiram impelidas a rezar junto com ele. Na terceira aparição, o Anjo lhes ensinou esta oração:

> Santíssima Trindade, Pai, Filho e Espírito Santo, adoro-vos profundamente e ofereço-vos o preciosíssimo Corpo, Sangue, Alma e Divindade de Jesus Cristo, presente em todos os sacrários da terra, em reparação dos ultrajes, sacrilégios e indiferenças com que Ele mesmo é ofendido. E pelos méritos infinitos de seu Santíssimo Coração e do Coração Imaculado de Maria, peço-vos a conversão dos pobres pecadores (Memórias... I, 2007, p. 171).

O Anjo, dando a Comunhão, disse: "Tomai e bebei o Corpo e o Sangue de Jesus Cristo, horrivelmente ultrajado pelos homens ingratos. Reparai seus crimes e consolai vosso Deus" (p. 171). A irmã Lúcia disse que Deus, por meio dessa oração, quer avivar nossa fé na presença de Jesus na Divina Eucaristia. Todos os Papas, até hoje, foram a Fátima para aprovar com a presença deles os apelos urgentes de Maria, Mãe de Igreja.

Nossa Senhora revelou, no dia 13 de julho de 1917, três segredos que constam de três eventos distintos. No primeiro, revelou aos pastorinhos o Inferno. Nossa Senhora fez ver o Inferno com todos os horrores e depois disse: "Viste o Inferno para onde vão as almas dos pobres pecadores. Deus quer estabelecer no mundo a devoção a meu Coração Imaculado. Se fizerem o que eu vos disser, salvar-se-ão muitas almas e terão paz (Memórias... I, 2007, p. 122). Pediu, também, como já vimos, a comunhão reparadora nos primeiros sábados e a consagração da Rússia a seu Imaculado Coração. O terceiro, revelado ultimamente, fala de uma visão que Irmã Lúcia teve: o globo, simbolizando o planeta Terra, um anjo com uma espada, da qual saíam chamas prontas para golpear a Terra e a mão de Nossa Senhora se aproximando da espada e a afastando. Claro simbolismo que a humanidade, por seus pecados, merece o castigo pela justiça divina, mas a intervenção de Maria Mãe da Igreja impede o justo castigo e o afasta. Também houve outras visões, que não vêm ao caso falar agora.

Kibeho, Ruanda

Em 1981, em Kibeho, Ruanda, na África, Nossa Senhora apareceu a algumas jovens, alertando que precisava da conversão, que as pessoas deixassem de ofender a Jesus com tantos pecados. Pediu que fizessem penitências e rezassem o terço. Por meio de uma visão, a Mãe de Deus revelou às jovens o que iria acontecer se não fosse escutada. Caso não atendessem seus pedidos, iria acontecer um grande e terrível massacre. O Bispo instaurou uma comissão muito séria, declarando aquelas aparições **como verdadeiras**. Esse reconhecimento deu-se em 29 de junho de 2001, pelo Bispo Augustine Misago, em uma missa na catedral de Gikongoro, na qual estavam presentes os outros Bispos do país e o Núncio Apostólico em Kigali, Monsenhor Salvatore Pennacchio. No mesmo dia, o Vaticano publicou a notícia da aprovação, dando, assim, respaldo à declaração episcopal. O Bispo de Kibeho lançou um apelo às demais dioceses da África, mas **não foi atendido**. Em 1994, o conflito entre as etnias utus e tutsis resultou em quase um **milhão de mortos**. Tudo isso poderia ter sido evitado, se dessem ouvidos aos apelos da Mãe de Jesus.

Medjugorje, Bósnia e Herzegovina

Ultimamente, a Mãe de Deus está aparecendo em Medjugorje na Bósnia e Herzegovina (antiga Iugoslávia). Em 1985, apareceu a seis jovens, quatros meninas e dois meninos. As aparições continuam até agora. Os videntes, depois de tantos anos, apesar de inúmeros testes a que foram submetidos por cientistas e médicos, nunca se contradisseram. O povo continua a acorrer àquele lugar onde tantas conversões estão acontecendo. A Igreja, depois da desconfiança inicial, vendo os bons frutos, está cada vez mais dando seu apoio e incentivo. No dia 29 de março de 2017, após 36 anos de aparições, o enviado especial do Papa, o Monsenhor Henryk Hoser, designado para acompanhar o trabalho pastoral que acontece no lugar, celebrou solenemente a missa na Igreja paroquial local, São Thiago. Algumas palavras dele: "Este culto, que é tão intenso aqui, é muito importante e necessário para o mundo. Rezemos pela paz, porque hoje as forças destruidoras são imensas. Precisamos de uma intervenção do Céu, e a presença da Virgem é uma intervenção! É uma iniciativa de Deus. Portanto, desejaria vos encorajar e reconfortar como enviado especial do Papa!" Não temos mais nenhuma dúvida de que os apelos contínuos de Nossa Mãe são verdadeiros e precisamos escutá-los. Somente assim teremos paz e prosperidade.

O que pede nossa Senhora? Conversão, deixar de ofender a Deus, oração com o coração, penitência e jejum como cada um pode fazer. Agora, cabe a nós, e a todo mundo, acolhermos e praticarmos o que a Igreja, desde que iniciou a pregação do Evangelho no dia de Pentecostes, está proclamando e o que Nossa Senhora está nos solicitando em suas inúmeras aparições. Em resumo, o que a Igreja e Nossa Senhora pedem, por nosso bem, é viver o Batismo; viver como batizado e não como pagãos. Ainda não há reconhecimento oficial da Igreja das aparições em Medjugorje. Os Bispos das localidades acompanham.

Aparições em Londrina, Paraná, Brasil

Em Londrina, desde 2 de junho 1996, para Patricia Gonçalves da Silva, que na época tinha 13 anos e meio, Nossa

Senhora das Graças aparece. Atualmente, Patricia é casada e continua a receber as mensagens de Nossa Senhora, quatro vezes por mês. Durante todo esse tempo – até os dias de hoje –, nunca deixou um só dia de estar presente aos encontros com Nossa Senhora. Eu tive a graça de poder acompanhá-la desde o início. Acreditar nela, sobretudo após pedir a Nossa Senhora provas de que Ela estava aparecendo à menina; ela me deu as provas que pedi. Daquele momento em diante, não tive mais dúvidas. Desde o começo, foi acompanhada de uma psicóloga, Patricia Salazar Costa, e de vários padres que relatavam aos Arcebispos de Londrina – dom Albano Cavallin, dom Orlando Brandes e, atualmente, dom Geremias Steinmetz – tudo o que acontecia. As aparições também são monitoradas pela equipe do Vaticano que se interessa por esses fenômenos no mundo inteiro.

Todos os sacerdotes que, com a permissão do Arcebispo, acompanharam Patricia ao longo desses 24 anos foram unânimes em declarar que não encontraram nada que fosse contrário à doutrina católica, à ética ou à moral, que não havia nenhuma mistificação ou exploração de dinheiro. Como as aparições ainda estão acontecendo, a Igreja acompanha, mas não se pronuncia sobre a sobrenaturalidade desse fenômeno. As mensagens são as mesmas em todas as aparições e parecidas com as de Medjugorje: conversão urgente, vida cristã normal, mas fervorosa, terços diários, sacrifícios de reparação dos pecados, moderado jejum duas vezes por semana. **Durante as aparições, acontecem sempre muitas curas físicas e espirituais.** Tanto eu como vários padres ajudamos a jovem nas confissões quando pedia, mas a verdadeira diretora espiritual sempre foi Nossa Senhora. Os padres, quando estavam presente, ou o Diácono René, ou um Ministro da Palavra, acompanharam ajudando na leitura e na explicação do Evangelho antes das rezas do terço, sempre atentos a tudo que fosse de acordo com a fé, a verdadeira devoção mariana, sem cair no devocionismo ou no sensacionalismo de mensagens catastróficas, mas, ao mesmo tempo, alertando a urgência de colocar em prática as mensagens de Nossa Senhora. É um alerta para a necessidade de uma mudança de vida agora, porque, se demorarmos, pode ser tarde demais. Nossa Senhora não vem a Terra só para falar sobre sermos bonzinhos. É sobre algo muito mais sério. Ignorá-la, como a história nos ensina, pode custar a perdição e a morte de muitas pessoas. Cataclismas anunciados pelos cientistas, que podem ser evitados com o poder da oração e a vivência do Batismo. Tanto essa como todas as aparições de Nossa Senhora ainda não reconhecidas pela Igreja Católica precisam de seu tempo necessário; portanto, esses relatos não têm a intenção de antecipar o pronunciamento oficial da Santa Igreja Católica.

11

O AMOR DE CRISTO NOS IMPULSIONA (2COR 5,14) O ESPÍRITO MISSIONÁRIO QUE INICIA NO BATISMO

Nosso Senhor Jesus Cristo nos revela que "É maior felicidade dar que receber!" (At 20,35). Quando se experimenta a beleza da família cristã, quando se vive em comunhão e se percebe a Presença viva de Jesus em nossa vida, acolhe-se com prazer o pedido de nossos Párocos de participar ativamente nas várias atividades paroquiais, das várias pastorais e movimentos, sobretudo dos Grupos Bíblicos, pequenas células de partilha da Palavra, nas "pequenas comunidades", que estão ultimamente florescendo da vida, e, sobretudo, de praticar o amor recíproco vivenciado não só pessoalmente, mas comunitariamente, com outras famílias. Quando a Paróquia vive com fervor a vida cristã nos vários aspectos, sente o desejo de partilhar esse tesouro com quem ainda não tem esse conhecimento, pois o experimentou praticamente e sente que é um dever e um direito pelo Batismo recebido de colaborar na evangelização no mundo, por meio da imprensa Missionária, ou de testemunhos de Missionários, que voltam daquelas regiões onde está sendo realizada a evangelização, onde Jesus ainda não é conhecido e acolhido ou onde os cristãos são poucos e enfrentam perseguições e muitas dificuldades. E nasce um desejo de conhecer mais e ajudar mais. Nascem os Grupos Missionários, e, onde já estão implantados, deseja-se tomar parte, colaborar, por exemplo, com a Infância Missionária da Comipa (Comisão Missionária Paroquial) ou da Comide (Comissão Diocesana Missionária), e manter correspondência com Missionários e as várias iniciativas, ajudando quando é possível.

O Magistério da Igreja, falando sobre o motivo da missão, afirma: é do amor de Deus por todos os homens que a Igreja sempre se sente impelida a agir, "Pois o amor de Cristo nos impulsiona" (2Cor 5,14). A Igreja é, por natureza, missionária, porque é Jesus mesmo quem evangeliza, hoje, por meio de sua Igreja, seu Corpo Místico, e atua o mandato "Ide pelo mundo inteiro, pregai o Evangelho a toda criatura" (Mt 28,19). Jesus disse: "Eu vim para que todos tenham vida e vida em plenitude" (Jo 10,10). E, para que não desanimassem diante dessa grande tarefa, prometeu: "Estarei convosco todos os dias até o fim do mundo" (Mt 28,20). Arde no coração dos cristãos o desejo de que também os demais bilhões de pessoas possam chegar a conhecer a "Boa Nova do Evangelho", de quanto são amados por Deus. Há o desejo de que a Palavra de Deus os liberte da ignorância, no que se refere a Ele, e os torne não somente criaturas amadas, mas também filhos de Deus e herdeiros da Vida Eterna. Por isso, deve surgir espontaneamente quando rezamos. E devemos sempre lembrar os mais pobres do mundo, que não são somente os que carecem do necessário, como também os que carecem do mais importante: conhecer o maravilhoso plano de Deus, que nos foi revelado por Jesus, e que é ainda desconhecido por muitos. Essa é a maior pobreza! Ser batizado ou não ser não é a mesma coisa. Com o Batismo nasce uma Nova Humanidade. Claro que todas as religiões têm valor e são, a sua maneira, caminhos para o Divino, mas somente Jesus nos trouxe a plena verdade e a plenitude da vida, que deseja que chegue a todos. Jesus, na conversa com Nicodemos, explica que renascemos com o Batismo (Jo 3,1-15).

Todos nós, como bons cristãos, sentimos o desejo de ter um relacionamento diário com nosso Pai, como Jesus tinha e como, desde que éramos pequenos, nossos pais nos ensinaram, seja de manhã, seja de noite. Aqui gostaria de propor mais algumas orações, para quem quiser. Mas, sobretudo, gostaria de sugerir que, como batizados, sejamos todos missionários. O espírito missionário nasce da experiência da vida em comunhão com Jesus, como filhos de Deus Amor, com Maria, a mãe de Jesus; assim nossa vida fica muito mais bela! Sem essa fé viveríamos como se existissem somente as pessoas que vemos, que podemos tocar, conversar e, ao ficarmos sozinhos, sentiríamos mergulhados em uma solidão, que nos deixaria um vazio existencial e umas perguntas: de onde venho, para onde estou indo, qual é o sentido de minha vida? Muitos de nós passamos por momentos em que perdemos essa comunhão com Deus, mas, com ajuda de alguém, voltamos, experimentando como é a vida com Deus Amor, como Jesus nos revelou e nos colocou em comunhão com Ele. E apenas uma vida com essa realidade dará sentido a tudo. Temos refletido como é grande a diferença e, movidos por Amor do Espírito Santo, pensamos como partilhar esse tesouro com quem nem sequer sabe que Deus mandou seu Filho para nos revelar seu plano.

12

VÁRIAS MANEIRAS DE VIVENCIAR O ESPÍRITO MISSIONÁRIO

Ha várias maneiras de ajudar a tornar realidade a urgente tarefa de fazer Jesus conhecido e amado no mundo inteiro. Primeiro, se alguém sente a vocação de ser missionário e entra em uma Congregação ou Ordem Religiosa, não hesita em responder com generosidade e coragem a esse chamado de Jesus. Procura um Sacerdote, uma Irmã ou, onde existir, a Pastoral vocacional, para ter uma ajuda em seu discernimento. Alguns são chamados a se tornarem Missionários leigos nos diversos campos de missão já existentes, ou a desbravar novas frentes de missão além-fronteiras. O Padroeiro das Missões é São Francisco Xavier, que sentiu o chamado e correspondeu, tornando-se sacerdote; como membro da Ordem dos Jesuítas, foi Missionário na Índia e no Japão. Quando estava para ir para a China, morreu na tentativa de poder entrar na pequena ilha de Chan Chan. Santa Teresinha do Menino Jesus também foi proclamada Padroeira das Missões, porque, apesar de não sair do Convento, oferecia orações e sacrifícios, sobretudo, para a causa Missionária. A exemplo deles, todos podemos ajudar oferecendo sacrifícios e orações pelas missões.

O Espírito Santo, que nos envia e nos capacita, mostrará com toda a clareza como ajudar. A Igreja tem aquele que prepara o terreno, o que semeia, o que rega e o que recolhe, mas somente Deus faz crescer. Nem todos têm a vocação ou se sentem em condições de ir em missão a outras terras. Podem, contudo, ajudar a obra de evangelização de várias maneiras além de rezar, dando, por exemplo, suporte financeiro aos Missionários nas várias partes do mundo.

Há muitos homens de Deus que trabalham como missionários em tempo integral. Quem ajuda um missionário receberá recompensa de missionário. Temos um exemplo concreto no tempo de Jesus:

> Depois disso, Jesus andava pelas cidades e aldeias anunciando a boa nova do Reino de Deus. Os Doze estavam com ele, como também algumas mulheres que tinham sido livradas de espíritos malignos e curadas de enfermidades: Maria, chamada Madalena, da qual tinham saído sete demônios; Joana, mulher de Cuza, procurador de Herodes; Susana e muitas outras, que o assistiram com suas posses (Lc 8,1-3).

Deus também chama algumas pessoas para uma vida de contemplação e intercessão contínua. Esse anseio de que Jesus seja conhecido e amado deveria ser uma prioridade absoluta para todos nós. Quando rezamos o Santo Terço, sozinhos ou em família, além de colocar nossas intenções particulares em cada dezena, precisamos lembrar de interceder em favor de um continente: Américas, Ásia, Europa, África e Oceania.

O exército diabólico nunca se dá por vencido, mesmo sabendo que há de perder, porque **Quem é como Deus?** É como Nossa Senhora disse a Lúcia: "Meu Imaculado Coração será teu refúgio e o caminho que te conduzirá até Deus" (Memórias... I, 2007, p. 175). Hoje, a Mãe de Jesus diz a cada um de nós: "Fazei o que ele vos disser" (Jo 2,5).

Finalizando, nunca nos esqueçamos da promessa de Jesus: **Eis que estou à porta e bato: se alguém ouvir minha voz e me abrir a porta, entrarei em sua casa e cearemos, eu com ele e ele comigo. Ao vencedor, concederei assentar-se comigo em meu trono, assim como eu venci e me assentei com meu Pai em seu trono** (Ap 3,20-21).

13

TESTEMUNHOS DOS QUE PRATICARAM A "RECEITA"

Entre as mais de 3.000 famílias atendidas pessoalmente pelo Padre Giovanni Mezzadri, selecionamos alguns poucos testemunhos das várias cidades por onde ele passou, para atestar a maravilha de praticar o que foi sugerido neste livro:

> "Passaram-se anos, e ele começou a ensinar a algumas famílias uma espécie de receita para que pudessem vivenciar a Palavra de Jesus em MT 18-20: 'onde dois ou mais estejam unidos em meu nome, eu estarei ali no meio deles'. Conheci o Padre Giovanni Mezzadri em Santa Mariana, Paraná, onde residia com minha família, no começo de minha fase adulta, no ano de 1970. Assim, procuramos, eu e meu esposo, Cláudio, colocar em prática a palavra e as condições exigidas para essa linda experiência da Divina Presença nas famílias, com todos os desafios por que passamos. Antes nem de longe pensávamos que fosse possível;

hoje praticamos e oramos na fraternidade. Obrigada, Jesus, por ficar e santificar todas as famílias, para que se tornem 'Sagrada Família'. Tudo isso foi possível, com o auxílio e a presença constante do Padre Giovanni em nossa vida, ajudando sempre a praticarmos o bem. Essa experiência estamos praticando há quase 20 anos. Temos exemplo de nossa filha, que não conseguia engravidar; fizemos essa vivência em oração com mais intensidade, e tive a notícia de sua gravidez na Terra Santa, Israel".

Elizabete e Cláudio Guillen
Residentes em Cornélio Procópio (PR),
cidade vizinha de Santa Mariana (PR)

Testemunho do grupo de jovens de Santa Mariana.
"O nome do grupo era JUCAMAR (Juventude Católica Marianense). A forma como esse grupo viveu o evangelho muito refletiu na forma como cada um dos jovens formou sua família. As famílias foram solidificadas no amor de Jesus porque levaram a experiência do evangelho para a prática. 'A Palavra de Vida'. Aprendemos a viver o amor recíproco, a unidade, Jesus em nosso meio. Compreendemos o amor recíproco de tal forma que está presente em nossas ações, seja no trabalho, seja na família ou onde precisamos exercitá-lo. Hoje, muitos desses jovens já se encontram na terceira idade e posso citar alguns. Meu nome é Maria Inês Rodrigues Nunes, trabalho na Apae há 43 anos e vivo intensamente, em meu trabalho, o amor recíproco. O casal Nelson Paulino Leite Júnior e Maria Augusta de Aguiar Leite, ambos do grupo, casou-se dentro dessa vivência maravilhosa. Ele é secretário do Planejamento da Prefeitura de Santa Mariana e

dá um belo exemplo de colocar o amor recíproco no meio político. Eles têm 2 filhos casados, dois netos, que vivem também essa experiência; assim o ciclo continua. Posso citar, ainda, Sandra Bavaresco, que vive essa experiência no trabalho, como diretora da Apae há mais de 30 anos. Ela tem dois filhos e uma neta e vive esse amor recíproco também na família. Elvira Sabiao, professora e mãe, até hoje tem sua vida pautada nessa bela vivência, aprendida com o Padre Giovanni. Maria Aparecida de Oliveira, professora da Apae, põe em prática, na família e no trabalho, tudo o que aprendeu no grupo de jovens por meio da Palavra de Vida. Paulo Sérgio Lagana hoje é Padre. Muitas outras pessoas vivem o amor recíproco no trabalho e na família, porque aprenderam, como eu, que a vivência do amor recíproco é Jesus presente em nosso meio, é o 'Amai-vos uns aos outros como eu vos amei'."

Maria Inês Rodrigues Nunes
Professora, residente em Santa Mariana (PR)

"Nossa família se distanciou da igreja, e os efeitos disso foram se refletindo em doença e afastamento familiar. Nossa filha nunca perdeu a fé e sempre esteve conosco. Pela intercessão do Padre Pio, fomos guiados a conhecer o Padre Giovanni, que nos acolheu, abençoou-nos e nos ensinou a oração que fazemos diariamente. A 'receita da bênção', que nos tornou uma família com a fé renovada, forte, unida e abençoada. Nossa filha decorou a oração com muita facilidade – na época estava com 5 anos – e ensinou aos avós, que foram ao encontro do Padre Giovanni e, hoje, também fazem a receita da bênção diariamente. Nos momentos difíceis da vida, ela nunca nos deixa parar a oração da bênção, e esse nosso hábito diário transformou nosso lar e nossa vida, com a intercessão de São Padre Pio."

Dra. Silvia e Dr. Rodrigo Bressan
Dentistas, residentes em São Paulo (SP)

"Padre Giovanni, em sua visita a nossa casa, rezou conosco, abençoou-nos e fez uma linda catequese. Falou-nos sobre o amor de Jesus por nós e a importância de nos amarmos sempre. Ensinou-nos a rezar juntos: cada dia um momento de oração. Benzemo-nos com água e óleos bentos, entregamos nossos pedidos a Deus Pai e confiamos. Eu e meu marido procuramos rezar o terço, ou um mistério juntos. Dessa forma, Jesus vive em nossa família. Temos assistido missas *on-line* com fervor; rezo por nossa conversão. Padre Giovanni tem sido um Bom Pastor em nossa família, ensinando-nos a amar Jesus na Eucaristia, sua Mãe, a Santa Missa, nosso Anjo da Guarda, o Papa, nossa Igreja e também a importância do sacramento da Reconciliação."

Cecilia Mahfuz
Professora, residente em São Paulo (SP)

"Por volta de 2006/2007, chegou a Laranjeiras do Sul (PR) o Padre Giovanni Mezzadri, com um dom muito especial: pregar Amor e União entre as famílias. Desde sua chegada, começou a visitar, a ser procurado por muitos para bênçãos e a sempre ensinar uma receita especial: rezar uns pelos outros e amar a todos. Ele rezava o terço em família e ungia com óleo bento. Desde então, duas intercessoras, Elizabete e eu (Lourdes), acompanhávamo-lo em todos os momentos nas casas da cidade e nas das comunidades vizinhas. Vimos muitas graças acontecerem, curas físicas, libertação de vícios, famílias que, prestes a se separarem, voltaram a viver no amor e na união. Houve, ainda, muitas libertações de opressão e, até mesmo, de possessão do inimigo. Hoje em dia, ainda encontramos muitas pessoas agradecidas pelas bênçãos recebidas. Nossas famílias também foram muito abençoadas pelas orações dele. Temos dificuldades como qualquer outra família, porém nunca nos faltou paz, alegrias e fé para superá-las, sempre rezando como o Padre Giovanni nos ensinou. Nossa cidade é muito agradecida a Deus e a nosso Padre Giovanni, que ficou aqui por três anos e meio: período de muitas bênçãos."

Lourdes Bortolotto
Dona de casa, residente em Laranjeiras do Sul (PR)

"Um dia, chamamos o Padre para abençoar nossa casa. Ele disse que, embora a casa já fosse abençoada, ele iria, porque a família poderia ser ainda mais. Para isso pediu que nós todos, se fosse possível, estivéssemos juntos e revelou que precisaria de ao menos meia hora. Depois da explicação e das bênçãos, disse que queria 'conversar' em particular com cada um. Na verdade, era um santo 'truque', porque, com jeitinho agradável, confessou-nos todos. Desse momento em diante, continuamos a fazer a 'receita', sobretudo quando Jeorge sai com o caminhão em suas viagens. Nossa família melhorou muito por meio do amor recíproco renovado, que nos faz 'sentir' Jesus presente. O tempo passou, mas a bênção de renová-lo continua também com nossos filhos e nossos netos biológicos e adquiridos. Como é belo se querer bem!"

Ana e Jeorge Horbatei
Residentes em Cantagalo (PR)

"A oração da bênção que o Padre Giovanni veio a fazer em nossa casa nos proporcionou uma renovação de nosso sacramento do matrimônio. Pensávamos que fosse uma bênção tradicional de pouco tempo. Mas o Padre nos avisou que precisaria de ao menos 45 minutos. Foi uma orientação que nos levou, passo a passo, ao caminho de JESUS, ou seja, ao AMOR em família. Brevemente, lembrou-nos do resumo do plano de Deus na história da humanidade até Jesus. Depois, explicou-nos como era fundamental na família não somente o amor recíproco, mas também o expressar a vontade de vivenciar o mandamento de Jesus com gestos. E como foi bom nos proporcionar, entre nossa família, o abraço. Tínhamos perdido esse gesto que, aos poucos, nos levou a valorizar o amar e ser amado. Ajudou-nos a valorizar mais o terço e a palavra de Deus. Continuamos essa prática doméstica, que nos ajuda muito a 'sentir' a Presença de Jesus em nossa família."

Edivaldo e Cleusa Csipai
Residentes em São Paulo (SP)

"Há mais ou menos 10 anos tive o privilégio de conhecer o Padre Giovanni Mezzadri, que acabou sendo meu orientador espiritual. Na época, ele me ensinou uma breve oração para as famílias. Nesse momento se iniciava nosso pequeno ritual noturno. Desde então nos reunimos todas as noites com os filhos, antes de dormir, abençoamos um ao outro, fazemos o sinal da cruz, para que o inimigo não nos tire do foco, abraçamo-nos com amor e rezamos a oração especial do Padre Giovanni. Essa linda e poderosa súplica nos aproximou mais dos adolescentes; por meio da oração contínua, passamos a interagir mais com os jovens à noite e fortalecemos nossa fé em Deus. Hoje estamos mais unidos do que nunca graças à linda e poderosa oração das famílias."

Mônica e Leopoldo Storti
Residentes em Londrina (PR)

"No ano de 2009, estava passando por um momento muito triste, devido a uma forte depressão que minha filha caçula estava tendo por causa de um bullying. O Padre, na época, orientou-nos a fazer orações em família, começando e terminando com as bênçãos dos pais, realizando o abraço um no outro e dizendo o quanto nos amamos muito. Foi um momento de muito carinho e amor. A partir dele, fomos sentindo a presença de Deus em cada oração em família e cura de minha filha e de toda a família. Hoje, quando falo para as amigas que nos reunimos para orar, elas me perguntam como eu consigo! E ensino cada detalhe que o Padre nos ensinou! Todas ficam muito agradecidas!"

Lúcia e Ernani Tutida
Residentes em Londrina (PR)

"Quando aconteceu o lançamento do primeiro livro do Padre Giovanni, antes mesmo de entrar no seminário, ele me indicou algumas pessoas para ajudar na tarefa de lançar seu livro. Esse grupo, após um ano de trabalho juntos, buscando viver esse amor recíproco, tendo Jesus no meio, virou o Grupo de Oração Padre Pio Londrina, registrado oficialmente em São Giovanni Rotondo, na Itália. Esse Grupo caminha até hoje, após 4 anos, e busca viver esse carisma da unidade, tendo como missão rezar por sacerdotes, pelos religiosos e pelas vocações."

Jefferson Bassetto
Seminarista da Teologia da
Arquidiocese de Londrina (PR)

14

ORAÇÕES

1) Terço Missionário

Além de nossas particulares intenções, este terço deseja que nos lembremos de todos os povos da Terra, para que todos, em Cristo Jesus, conscientizem-se de que somos (ou nos tornaremos) uma só família.

É rezado como os outros terços, usando os mesmos mistérios – GOZOSOS, LUMINOSOS, DOLOROSOS e GLORIOSOS –, colocando, no início de cada dezena, a intenção por um continente. O Terço Missionário tem em cada dezena uma cor: verde (África); vermelho (Américas); branco (Europa); azul (Oceania); amarelo (Ásia). Mas não é necessário usá-lo, pois todo terço é indicado; caso não o tenha, pode contar cada Ave-Maria, usando os dedos.

Rezar o Credo, o Pai-Nosso, três Ave-Marias e um Glória, em honra da Santíssima Trindade e segundo as intenções do Papa.

Segunda-feira, mistérios gozosos; terça-feira, mistérios dolorosos; quarta-feira, mistérios gloriosos; quinta-feira, mistérios luminosos; sexta-feira, mistérios dolorosos; sábado, mistérios gozosos, e domingo, mistérios gloriosos.

2) Coroinha do Sagrado Coração de Jesus

(Padre Pio de Pietralcina rezava diariamente esta oração por todos aqueles que a solicitavam)

1. Oh Deus, que concedeste a São Padre Pio o privilégio de participar, de modo admirável, da Paixão de teu Filho Jesus, concede-me, por sua intercessão, a graça (falar a graça) que ardentemente desejo e concede-me, sobretudo, que eu me conforme à morte de Jesus, para alcançar depois a Glória da ressurreição (Glória, 3 vezes).
2. Ó meu Jesus, que disseste: "Em verdade vos digo: pedi e receberei, procurai e achareis, batei e se abrirá", confiante em tua palavra divina, chamo, busco e peço a graça (falar a graça).
   Pai-Nosso, Ave-Maria, Glória. Sagrado Coração de Jesus, eu confio em ti.
3. Ó meu Jesus, que disseste: "Em verdade vos digo: tudo o que pedirem a meu Pai em meu nome, ele concederá", confiante em tua palavra, peço ao Eterno Pai em teu nome a graça (falar a graça).
   Pai-Nosso, Ave-Maria, Glória. Sagrado Coração de Jesus, eu confio em ti.
4. Ó meu Jesus, que disseste: "Em verdade vos digo: o Céu e a terra passarão, mas minhas palavras não passarão", confiante na infalibilidade de tua Palavra divina, peço-te a graça (falar a graça).
   Pai-Nosso, Ave-Maria, Glória. Sagrado Coração de Jesus, eu confio em ti.
5. Ó Sagrado Coração de Jesus, infinitamente compassivo com os desgraçados, tem piedade de nós, pobres pecadores, e concede-nos as graças que te pedimos por meio do Imaculado Coração de Maria, nossa terna Mãe. São José, pai adotivo do Sagrado Coração de Jesus, roga por nós.

3) Terço da Libertação – Padre Pio

(Para afastar de nós Satanás)

Início: Credo, Pai-Nosso, 3 Ave-Marias, Glória.

Nas contas grandes, do Pai-Nosso, reza-se:

É o coração de Jesus Cristo que lhe ordena Satanás: deixe-nos em Paz.

Nas contas pequenas, das Ave-Marias, reza-se:

Coração Eucarístico de Jesus, livrai-nos cada vez mais das insídias de Satanás.

No final de cada mistério, reza-se:

Sangue de Cristo, que lava e liberta, lavai-nos e libertai-nos de todo mal.

Ao final do terço, reza-se 3 vezes:

Jesus, manso e humilde de coração, fazei nosso coração semelhante ao vosso.

E que eu vos ame cada vez mais.

1º Mistério:

Livrai-nos do orgulho e da soberba.

2º Mistério:

Livrai-nos da luxúria e da impureza.

3º Mistério:

Livrai-nos da mágoa e da falta de perdão.

4º Mistério:

Livrai-nos da idolatria e da falsidade.

5º Mistério:

Livrai-nos da ira e do ódio.

4) Salmo 90

1. Tu que habitas sob a proteção do Altíssimo, que moras à sombra do Onipotente, dize ao Senhor: sois meu refúgio e minha cidadela, meu Deus, em que eu confio. É ele quem te livrará do laço do caçador, e da peste perniciosa. Ele te cobrirá com suas plumas, sob suas asas encontrarás refúgio. Sua fidelidade te será um escudo de proteção. Tu não temerás os terrores noturnos, nem a flecha que voa à luz do dia, nem a peste que se propaga nas trevas, nem o mal que grassa ao meio-dia. Caiam mil homens a tua esquerda e dez mil a tua direita, tu não serás atingido. Porém verás com teus próprios olhos, contemplarás o castigo dos pecadores, porque o Senhor é teu refúgio. Escolheste, por asilo, o Altíssimo. Nenhum mal te atingirá, nenhum flagelo chegará a tua tenda, porque a seus anjos ele mandou que te guardem em todos os teus caminhos. Eles te sustentarão em suas mãos, para que não tropeces em alguma pedra. Sobre serpente e víbora andarás, calcarás aos pés o leão e o dragão. Pois que se uniu a mim, eu o livrarei; e o protegerei, pois conhece o meu nome. Quando me invocar, eu o atenderei; na tribulação estarei com ele. Hei de livrá-lo e o cobrirei de glória. Será favorecido de longos dias, e mostrar-lhe-ei minha salvação.

5) Armadura do cristão (Efésios 6,10-20)

Finalmente, irmãos, fortalecei-vos no Senhor, por seu soberano poder. Revesti-vos da armadura de Deus, para que possais resistir às ciladas do demônio. Pois não é contra homens de carne e sangue que temos de lutar, mas contra os principados e potestades, contra os príncipes deste mundo tenebroso, contra as forças espirituais do mal (espalhadas) nos ares. Tomai, portanto, a armadura de Deus, para que possais resistir nos dias maus e manter-vos inabaláveis no cumprimento de vosso dever. Ficai alerta, à cintura cingidos com a verdade, o corpo vestido com a couraça da justiça, e os pés calçados de prontidão para anunciar o Evangelho da paz. Sobretudo, embraçai o escudo da fé, com que possais apagar todos os dardos inflamados do Maligno. Tomai, enfim, o capacete da salvação e a espada do Espírito, isto é, a palavra de Deus. Intensificai vossas invocações e súplicas. Orai em toda circunstância, pelo Espírito, no qual perseverai em intensa vigília de súplica por todos os cristãos. E orai também por mim, para que me seja dado anunciar corajosamente o mistério do Evangelho, do qual eu sou embaixador, prisioneiro. E que eu saiba apregoá-lo publicamente, e com desassombro, como é meu dever! Palavra do Senhor. R. Amém.

6) Magnificat (Lucas 1,46-56)

E Maria disse: minha alma glorifica ao Senhor, meu espírito exulta de alegria em Deus, meu Salvador, porque olhou para sua pobre serva. Por isso, desde agora, proclamar-me-ão bem-aventurada todas as gerações, porque realizou em mim maravilhas aquele que é poderoso e cujo nome é Santo. Sua misericórdia se estende, de geração em geração, sobre os que o temem. Manifestou o poder de seu braço: desconcertou os corações dos soberbos. Derrubou do trono os poderosos e exaltou os humildes. Saciou de bens os indigentes e despediu de mãos vazias os ricos. Acolheu a Israel, seu servo, lembrado de sua misericórdia, conforme prometera a nossos pais, em favor de Abraão e sua posteridade, para sempre. Palavra do Senhor. R. Amém.

7) Oração de libertação e conversão dos filhos

Pai Celestial, humildemente me ajoelho para interceder por meus filhos (dizer o nome dos filhos).

Eu os coloco diante de ti em nome † do Senhor Jesus Cristo.

Eu te agradeço por teres amado meus filhos (dizer o nome dos filhos) com o amor do Calvário.

Agradeço porque tu no-los destes para os amarmos e os criarmos pelo caminho de Jesus Cristo.

Peço-te que me perdoes se fracassei na maneira de orientá-los.

Eu te louvo porque és soberano e podes até mesmo usar as profundezas do pecado em que meus filhos possam estar envolvidos, de forma a redundar em tua maior glória.

Eu te louvo por esta grande provação que estou vivendo, pois ela torna meu coração humilde diante de ti.

Eu proclamo a vitória da Encarnação, Ressurreição, Ascensão e Glorificação de Nosso Senhor Jesus Cristo sobre o poder de satanás, na vida de meus filhos (dizer o nome dos filhos).

Eu oponho toda a obra do Senhor Jesus Cristo contra os poderes das trevas, que cegaram e prenderam os meus filhos (dizer o nome dos filhos).

Em Nome † de Jesus Cristo, com a autoridade que me foi conferida pela Santíssima Trindade, no Batismo, eu venho anular todos os poderes do maligno sobre meus filhos (dizer o nome dos filhos) e libertá-los da cegueira espiritual em que vivem.

Eu invoco a proteção do Divino Espírito Santo sobre meus filhos, e peço-te que mude o coração deles para que se convençam e se arrependam de todos os seus pecados.

Rogo que o preciosíssimo Sangue † de Nosso Senhor Jesus Cristo purifique a maldade de meus filhos (dizer o nome dos filhos) e espero no Divino Espírito Santo para levá-los a uma mudança radical de vida, segundo os ensinamentos do Senhor.

Com muita fé, eu rogo para meus filhos (dizer o nome dos filhos) uma vida nova, vida de submissão e serviço ao Deus Vivo e Verdadeiro, em Nome † do Senhor Jesus. Amém.

Pai-Nosso, Ave-Maria, Glória.

Sagrada Família de Nazaré, rogai por nós.

Obs: Onde encontrar †, fazer sobre si mesmo o sinal da cruz.

8) Oração de descontaminação

Pelo Sinal da Santa Cruz, livrai-nos, Deus, nosso Senhor, dos nossos inimigos.

Em nome do Pai, do Filho e do Espírito Santo. Amém.

Eu (dizer seu nome) clamo ao Senhor Jesus que ordene que saia de mim, de minha família, de minha comunidade todo espírito de contaminação espiritual e ordene que vá prostrar-se aos pés da Cruz do Senhor e os proíba de voltar. Que saia toda contaminação, toda fúria do inimigo, toda seta, todo dardo inflamado, que saia de todos os meus bens materiais, físicos e espirituais. Agora, Senhor Jesus, eu me lavo em teu Sangue precioso, juntamente com minha família. Que teu Sangue seja para nós cobertura e proteção. Divino Espírito Santo, renova em cada um de nós tua unção, tua força e teu poder. Virgem Maria e o Anjo do Senhor, rogai por nós! Eu me lavo agora juntamente com todos os meus no Sangue de Jesus. Eu me escondo agora sob a proteção do Altíssimo e tomo posse do poder do Espírito Santo. E me abrigo agora sob o manto protetor da Virgem Maria e de sua intercessão e da intercessão de todos os Anjos e Santos. Amém.

O Sangue de Cristo, que lava e liberta, lave-me, liberte e cubra com seu poder a nós e nossas famílias. (Três vezes)

A Cruz Sagrada seja minha luz, não seja o dragão meu guia, retira-te, satanás. Nunca me aconselhes coisas vãs. É mau o que me ofereces. Bebe tu mesmo teu próprio veneno.

Pelo Sinal da Santa Cruz, livrai-nos, Deus, Nosso Senhor, dos nossos inimigos.

Em nome do Pai, do Filho e do Espírito Santo. Amém. Creio em Deus Pai...

9) Alma de Cristo

Alma de Cristo, santificai-me. Corpo de Cristo, salvai-me. Sangue de Cristo, inebriai-me. Água do lado de Cristo, lavai-me. Paixão de Cristo, confortai-me. Ó bom Jesus, ouvi-me. Dentro de vossas chagas, escondei-me. Não permitais que eu me separe de Vós. Do inimigo maligno defendei-me. Na hora de minha morte, chamai-me. Mandai-me ir para vós, para que vos louve com vossos Santos pelos séculos dos séculos. Amém.

10) A Grande Promessa do Sagrado Coração de Jesus

No ano 1673, Jesus apareceu várias vezes, no Mosteiro da Visitação, a uma freira, Margarida Maria Alacoque, em Paray-le-Monial, na França. Em uma dessas aparições, Jesus lhe disse: "Eu te prometo, na excessiva misericórdia de meu coração, dar penitência final a todos os que comungarem na primeira sexta-feira do mês, em nove meses consecutivos... eles não morrerão em meu desagrado, nem sem receber os sacramentos, tornando-se meu Coração refúgio seguro para eles naquela última hora".

Por isso, queridas famílias, procurem fazer quanto mais rápido possível essa santa prática, tão simples e tão importante. Precisa se confessar um mês antes ou depois. E, após ter feito a Comunhão, ficar um pouco em agradecimento, meditando durante o dia, quando for possível, por 10 ou 15 minutos, a Paixão de Jesus.

11) A Promessa do Coração Imaculado de Maria

Em 13 de maio de 1917, em Fátima, Portugal, Nossa Senhora apareceu várias vezes para Lúcia, Jacinta e Francisco (os três pastorinhos), como todos sabemos, com suas mensagens que são ainda necessárias para nosso tempo. No dia 17 de dezembro de 1927, quando a Irmã Lúcia estava no convento de Pontevedra, Espanha, Nossa Senhora lhe apareceu e disse: "Olha, minha filha, meu Coração cercado de espinhos que os homens ingratos a todo momento me cravam, com blasfêmias e ingratidões. Tu, ao menos, vê de me consolar e diz que todos aqueles que durante **cinco meses**, ao primeiro sábado, confessarem-se, recebendo a Sagrada Comunhão, rezarem o terço e me fizerem 15 minutos de companhia, meditando nos 15 mistérios do Rosário, com o fim de me desagravar, eu prometo assisti-los, na hora da morte, com todas as graças necessárias para a salvação dessas almas". Por que cincos primeiros sábados do mês? Para reparar as cinco maiores ofensas:

a) as blasfêmias contra a Imaculada Conceição de Maria;
b) as ofensas contra sua virgindade;

c) as ofensas contra a maternidade Divina, recusando ao mesmo tempo que seja a Mãe da humanidade, a nova Eva;
d) as ofensas que fazem os que ensinam às crianças a rejeição de Maria como Mãe;
e) as ofensas que são feitas contra suas imagens.

A Igreja, após os devidos estudos, aprovou essa devoção.

O próprio Jesus deseja o triunfo do Coração Imaculado de Maria, sua amada Mãe. Vamos consolar nossa Mãe suplicando que interceda por todos nós, que tanto precisamos, e perdoe os que a ofendem, a maioria por ignorância da bíblia ou por tentação demoníaca, pois o diabo não tolera ser vencido por uma mulher, por isso a odeia de maneira especial.

12) Entronização Doméstica do Sagrado Coração de Jesus e do Imaculado Coração de Maria (De que modo a entronização restitui Cristo à família)
(Se possível, colocar um quadro ou uma estampa com o coração de Jesus e o de Maria)

Cristo é o Rei e o adorável Senhor de seu lar. Para tanto, o chefe de família, ou quem a representa, instala solenemente um quadro ou uma imagem do Sagrado Coração de Jesus e, também, uma imagem do Coração Imaculado de Maria em lugar de honra da casa, como em um trono – por isso o nome "Entronização" –, com a firme esperança de que Ele, com sua e nossa Mãe Maria, esteja sempre presente em nossa casa.

A cerimônia é apenas o começo de uma nova vida: uma vida de renovado Amor entre os membros da família, de obediência amorosa a todos os mandamentos de Cristo e da Igreja; uma vida de oração, em especial de oração familiar, do Terço em família; uma vida eucarística, de Missa e Comunhão, uma vida cristã, exercida especialmente pela recusa em deixar entrar ideias e costumes pagãos que, lentamente, vão destruindo o lar cristão, e pela reparação que é feita diante dos terríveis crimes contra a vida humana.

Nosso Senhor prometeu abençoar e santificar as famílias que o entronizassem como Rei. E Santa Margarida Maria, a quem o Senhor revelou o íntimo de seu Sagrado Coração, pediu que lhe fosse dado estabelecer seu Reino no lar, que nele fosse solenemente recebido como Rei e como Amigo e que seu Sacratíssimo Coração fosse honrado e amado: "**Eu estabelecerei a Paz** em seus lares; dar-lhes-ei todas as graças necessárias a seu estado de vida; **confortá-los-ei em todas as suas aflições; abençoarei todos os seus empreendimentos**". Em Fátima, Nossa Senhora revelou que o próprio Jesus quer que fosse honrado seu Coração Imaculado. O mundo, pelos inúmeros pecados, já mereceria os justos castigos, e a única nossa esperança de obter a misericórdia divina é sua e Nossa Mãe. Por conseguinte, podemos dizer com toda a certeza que foi este o meio que Nosso Senhor escolheu para restaurar seus direitos de Soberano sobre a família e, por meio da família, sobre a própria sociedade.

O que devo fazer?

É bom ter um sacerdote para presidir a cerimônia, mas, se não for possível, o pai ou outra pessoa da família pode presidir e conduzir as orações.

1. No lugar de honra escolhido, colocar os quadros do Sagrado Coração de Jesus e de Maria. Se possível, preparar

o "trono" ou o "altar" em uma mesinha, onde haverá um Crucifixo, a Bíblia, uma vela, água benta (deixar as demais imagens de santos em outro lugar, para focalizar a centralidade de nossa fé nas pessoas de Jesus e Maria).

2. Faça desse dia o acontecimento mais importante de sua vida familiar, algo que mereça ser relembrado. Se for possível, que todos os membros da família estejam presentes e até amigos. Não deixem de fora as crianças, que são as mais amadas de Jesus e de Maria. Quanto maior for a fé e a devoção, tanto mais será a graça. É preciso lembrar a todos que ter o quadro e fazer a entronização não valeria muito se os membros da família não procurassem estar unidos no amor recíproco, para que Jesus e Maria possam estar presentes sempre na casa. Após isso, se for conveniente e possível, um simples comes e bebes, para festejar.

Nota: Não há maneira mais apropriada de um jovem casal começar sua nova vida em comum do que com a Entronização do Sagrado Coração de Jesus em seu novo lar.

Oração

Ó Divino Coração de Jesus, vinde habitar conosco, com vossa amadíssima Mãe Maria Imaculada! Nós vos amamos! Ficai sempre em nossa casa. Derramai sobre todos nós a abundância de vosso Divino Espírito Santo para que, iluminados por Ele, possamos sempre viver em fraternidade, no amor recíproco e vencer as tentações de brigas e desavenças. Ajudai-nos a achar sempre um tempo para que, como família, possamos rezar juntos, e que vossa bênção desça sobre nossa família. Tomai como propriedade vossa este lar, onde havemos de conservar um trono, um lugar de honra para vós, sobretudo em nossos corações.

Ó Coração Imaculado de Maria, modelo perfeito de fidelidade a Nosso Senhor e de união com Ele, fortalecei em nosso coração e nossas famílias o reino da Caridade, o Reinado do Sagrado Coração de Jesus. Amém.

Ladainha ao Sagrado Coração de Jesus

A pessoa que preside: Senhor, tende piedade de nós.

Todos: Cristo, tende piedade de nós.

Senhor, tende piedade de nós.

Cristo, ouvi-nos.

Cristo, atendei-nos.

Pai Celeste, que sois Deus, tende piedade de nós. *

Filho Redentor do mundo, que sois Deus, *

Espírito Santo, que sois Deus, *

Santíssima Trindade, que sois um só Deus, *

Coração de Jesus, Filho do Eterno Pai, *

Coração de Jesus, formado pelo Espírito Santo no seio da Virgem Mãe, *

Coração de Jesus, substancialmente unido ao Verbo Divino, *

Coração de Jesus, Majestade Infinita, *

Coração de Jesus, Templo Sagrado de Deus, *

Coração de Jesus, Tabernáculo do Altíssimo, *

Coração de Jesus, Casa de Deus e Porta do Céu, *

Coração de Jesus, fornalha ardente de Caridade, *

Coração de Jesus, vaso de Justiça e de Amor, *

Coração de Jesus, transbordante de Bondade e de Amor, *

Coração de Jesus, abismo de todas as virtudes, *

Coração de Jesus, a quem são devidos todos os louvores, *

Coração de Jesus, Rei e centro de todos os corações, *

Coração de Jesus, no qual se contêm todos os tesouros de sabedoria e do conhecimento, *

Coração de Jesus, no qual habita toda a plenitude da Divindade, *

Coração de Jesus, que fez sempre a vontade do Pai *

Coração de Jesus, transbordante de Graças para todos os homens, *

Coração de Jesus, desejo das colinas sem-fim, *

Coração de Jesus, paciente e abundante de Misericórdia, *

Coração de Jesus, rico de bens para com todos os que vos invocam, *

Coração de Jesus, Fonte de Vida e de Santidade, *

Coração de Jesus, oblação propiciatória pelos nossos pecados, *

Coração de Jesus, carregado de opróbrios, *

Coração de Jesus, dilacerado pelas nossas ofensas, *

Coração de Jesus, que se fez obediente até a morte, *

Coração de Jesus, trespassado pela lança, *

Coração de Jesus, fonte de toda a consolação, *

Coração de Jesus, nossa Vida e Ressurreição, *

Coração de Jesus, nosso perdão e nossa paz, *

Coração de Jesus, vítima pelos nossos pecados, *

Coração de Jesus, Salvação dos que esperam em vós, *

Coração de Jesus, Esperança dos que morrem no vosso Amor, *

Coração de Jesus, Doçura de todos os Santos, *

Cordeiro de Deus, que tirais os pecados do mundo,
perdoai-nos, Senhor.

Cordeiro de Deus, que tirais os pecados do mundo,
ouvi-nos, Senhor.

Cordeiro de Deus, que tirais os pecados do mundo,
tende piedade de nós, Senhor.

Jesus, manso e humilde de Coração,
fazei nosso coração semelhante ao vosso.

Deus, nosso Pai, inspirados pelo divino Espírito Santo, com Jesus no meio de nós, e pela intercessão do Imaculado Coração de Maria, acolhei nossa homenagem em louvor e ação de graças e em reparação pela ingratidão e ofensas a vosso Sagrado Coração, perdoai nossos pecados e os do mundo inteiro. Por Nosso Senhor Jesus Cristo, Vosso Filho, que convosco vive e reina pelos séculos, amém.

13) Consagração dos Filhos a Jesus, Maria e José

Os pais devem rezar as consagrações abaixo para cada um de seus filhos, pelo menos uma vez durante a vida. Os pais não podem prestar maior serviço a seus filhos do que implorarem sua salvação e, na verdade, eles (os filhos) terão de fazer com que Deus, Todo-Poderoso, tenha um relato de vossos esforços a esse respeito.

Ó Jesus, Filho Unigênito de Deus, Filho Unigênito de Maria, venho a vós como um pai indigno, humildemente, consagrar a vosso Sacratíssimo Coração, agora e pela eternidade, a alma de meu filho/de minha filha (dizer o nome). Entrego-o(a) a vosso doce jugo e coloco-o(a) ao pé de vossa Santa Cruz. Ofereço-vos o amantíssimo Coração de vossa Santíssima Mãe Maria, que é mais precioso e agradável para vós do que todos os corações, e peço-vos, pelos seus méritos, mostrar a ele/ela um Salvador.

Ó Maria, Mãe de Jesus, venho a vós, como um pai indigno, humildemente, consagrar a vosso Tristíssimo e Imaculado Coração, agora e pela eternidade, a alma de meu filho/de minha filha (dizer o nome). Eu vos ofereço por ele/ela o adorabilíssimo Coração de vosso Filho Jesus, que é a vida, o amor e a alegria de vosso próprio Coração, e eu vos imploro, pelos méritos infinitos de vosso Divino Filho, vós que sois nossa Mãe na ordem de Graça, obter a graça da salvação para meu filho/ minha filha (dizer o nome).

Ó Glorioso São José, venho ter convosco e peço-vos que levai, sob vossa especial proteção, meu filho/ minha filha (dizer o nome). Consagro-o(a) a vós, hoje, pois, por meio desta consagração, pode tornar-se vosso(a) filho(a) adotivo(a). Guardai-o(a), guiai seus passos na vida e formai seu coração, depois do coração de Jesus e Maria. Ó Glorioso São José, que sentiste a tribulação e preocupação de um pai quando Jesus ainda menino se perdeu, protegei-o(a) para o tempo e para a eternidade. Que vós sejais seu Pai e Conselheiro. Preservai-o(a) da corrupção deste mundo, obtende-nos a graça de nos unir no Céu para sempre. Amém.

Bendito seja o Sacratíssimo e Amantíssimo Coração de Jesus, o Puríssimo e Imaculado Coração de Maria e o Castíssimo Coração de São José, na eternidade e para sempre. Amém.

14) Oração à Sagrada Família

Amantíssimo Jesus, por vossas sublimes e belas virtudes de humildade, obediência, pobreza, modéstia, caridade, paciência e mansidão e pelo exemplo de vossa vida doméstica, que com paz e felicidade viveste com a Família que escolheste na Terra, abusando de vossa clemência, prostro-me humildemente perante vós, implorando vossa misericórdia. Recordai-vos que minha família vos pertence; a vós a temos de uma forma especial consagrado, e consagrado a nós mesmos. Olhai para nós em vossa bondade amorosa; preservai-nos do perigo; dai-nos ajuda em tempo de necessidade; e concedei-nos a graça de perseverar até o fim e, à imitação de vossa Sagrada Família, que vos teve e vos amou fielmente na Terra, possamos abençoar-vos e louvar-vos eternamente no Céu. Amém.

Ó Maria, Dulcíssima Mãe, a vossa intercessão temos de recorrer, sabendo que vosso Divino Filho vai ouvir vossas orações. Amém.

E vós, ó glorioso patriarca, São José, ajudai-nos, pela vossa poderosa mediação, e oferecei, pelas mãos de Maria, nossas orações a Jesus. Amém.

REFERÊNCIAS BIBLIOGRÁFICAS

A Bíblia de Jerusalém – Novo Testamento. 4. ed. São Paulo: Paulinas, 1978.

Bíblia Sagrada. Tradução Oficial da CNBB. 130. ed. São Paulo: Ave-Maria, 2018.

Catecismo da Igreja Católica. Novíssima edição de acordo com o texto oficial em latim. São Paulo: Loyola, 2011.

Ceresoli, Alfiero Pe. *Consagração religiosa.* Sacerdócio segundo Jesus Cristo. Reflexões de um misionário xaveriano a partir da carta de papa Francisco a todos os consagrados. São Paulo: O Autor, 2018.

Congregação para os institutos de vida consagrada e as sociedades de vida apostólica. *A vida fraterna em comunidade.* 'Congregavit nos in unum Chrtisti amor'. São Paulo: Paulinas, 1994.

Iasenzaniro, P. Marcellino. *Padre Pio.* Profilo di um santo: 2. San Giovanni Rotondo: Padre Pio da Pietrelcina, 2009.

Lubich, Chiara. *Ideal e luz:* pensamento, espiritualidade, mundo unido. Tradução de Irami B. Silva. Vargem Grande Paulista, SP: Cidade Nova, 2003.

Luca, Augusto. *São Guido Maria Conforti:* o fascínio da missão. São Paulo: Paulinas, 2011.

Memórias da irmã Lúcia I. Compilação do Pe. Luis Kondor. 13. ed. Fátima, Portugal: Secretariado dos Pastorinhos, out. 2007.

Memórias da Irmã Lúcia II. Compilação do Pe. Luis Kondor. São Paulo: Loyola, 2015.

Mezzadri, Giuseppe. *Una vita in missione.* Racconti del saveriano p. Giovanni Mezzadri missionario parmigiano nel Paranà, Brasile "inviato" da Padre Pio. Parma, Itália: *Arti Grafiche Parma, 2019.*

Missionários Xaverianos. *Constituições e regulamento geral.* São Paulo: Missionários Xaverianos, 2008.

Missionários xaverianos região do Brasil sul. *1921 Primeiras Constituições e Carta Testamento.* Curitiba: Missionários Xaverianos, jan. 2020. (Ano Jubilar 2020-2021).

Papa Francisco. *Amoris Laetitia.* Sobre o amor na família. Exortação Apostólica Pós-Sinodal. São Paulo: Paulinas, 2016.

Papa Francisco. *Gaudete et Exsultate.* Sobre o chamado à santidade no mundo atual. Exortação Apostólica. São Paulo: Paulinas, 2018.

Soldo, Mirjana. *O meu coração triunfará.* São Paulo: Paulinas, 2018.

Santo Agostinho. *Confissões.* Tradução Maria Luiza Jardim Amarante. São Paulo: Paulus, 1997. (Patrística; 10).

Este livro foi composto com as famílias tipográficas Minion Pro, Swis721 e Trajan Pro
e impresso em papel Offset 63g/m^2 pela **Gráfica Santuário.**